JN412954

뜨개질로 표현하는 귀여운 모티프

# 도카이 에리카의
# 배색무늬 니트 손뜨개

# Message

"왜 배색무늬만 디자인하나요?"라는 질문을 종종 받는데
그 이유는 단순히 즐겁기 때문이에요.
저는 뜨개질도 좋아하지만 무늬를 만들고 색의 조합을 생각하는 것도 똑같이 좋아합니다.
아름답다고 느낀 풍경이나 귀여운 동물을 감촉 좋은 뜨개실로 배색무늬뜨기해서
니트를 완성해 직접 입을 수 있다니, 이보다 더 즐거운 일이 또 있을까요?
이 책에 수록된 작품은 예전에 뜨개 잡지《게이토다마毛糸だま》에 실렸던 작품을 다른 시점으로
새롭게 디자인하거나 오랫동안 공개하지 않은 아이디어를 형태로 표현한 것들입니다.
어떤 작품이든 입었을 때 무심코 웃음이 나서 조금이라도 기분이 가벼워지길
바라는 마음으로 디자인했습니다.
색상 수가 많고 복잡한 무늬도 있지만 완성된 모습을 상상하며
즐겁게 뜨개질하기를 진심으로 바랍니다.

-도카이 에리카

# CONTENTS

**M**

펭귄가족
카디건

**N**

여우 가방

**O**

여우 목도리

**P**

걸러뜨기 재킷

**Q**

멍석뜨기 숄

**R**

꽃무늬
요크 풀오버

**S**

꽃무늬 핸드워머

**T**

꽃과 버섯 카디건

**U**

레트로 팝
아란 스웨터

**V**

레트로 팝 아란 모자

**W**

토끼무늬 조끼

**X**

양 풀오버

AMERICAN SHORTHAIR CAT PULLOVER

## 아메리칸 쇼트헤어 고양이 풀오버

아메리칸 쇼트헤어 고양이는 무늬가 뚜렷해서 매우 효과적인 모티프입니다. 그래서 여백을 많이 확보하려고 오버사이즈로 만들었고 무늬가 없는 면적이 넓은 만큼 밑단의 무늬뜨기는 존재감 있게 디자인했습니다. 밑단은 보통 풀오버보다 콧수를 많이 늘렸기 때문에, 마지막에 덮어씌워 코막음을 할 때는 실을 빡빡하게 당기거나 지정한 바늘보다 가는 호수의 바늘을 사용하세요.

Yarn » 퍼피 브리티시 에로이카, 펠리지
How to knit » 66쪽

## B

### 기하학무늬 라운드 요크 풀오버

밑단에서 뜨기 시작하는 라운드 요크 스웨터입니다. 직선적인 무늬라서 배색은 적게 넣었습니다. 모헤어와 팬시 얀을 사용해서 가벼운 느낌으로 마무리했어요. 프린지는 과감하게 부피감을 살려서 다는 방법을 추천합니다. 전체를 길쭉하게 단 후에 잘라서 미세하게 다듬으면 균형 있게 완성됩니다.

Yarn » 다루마 울 모헤어, 루프, 수방적풍 탬사, 스프라우트
How to knit » 68쪽

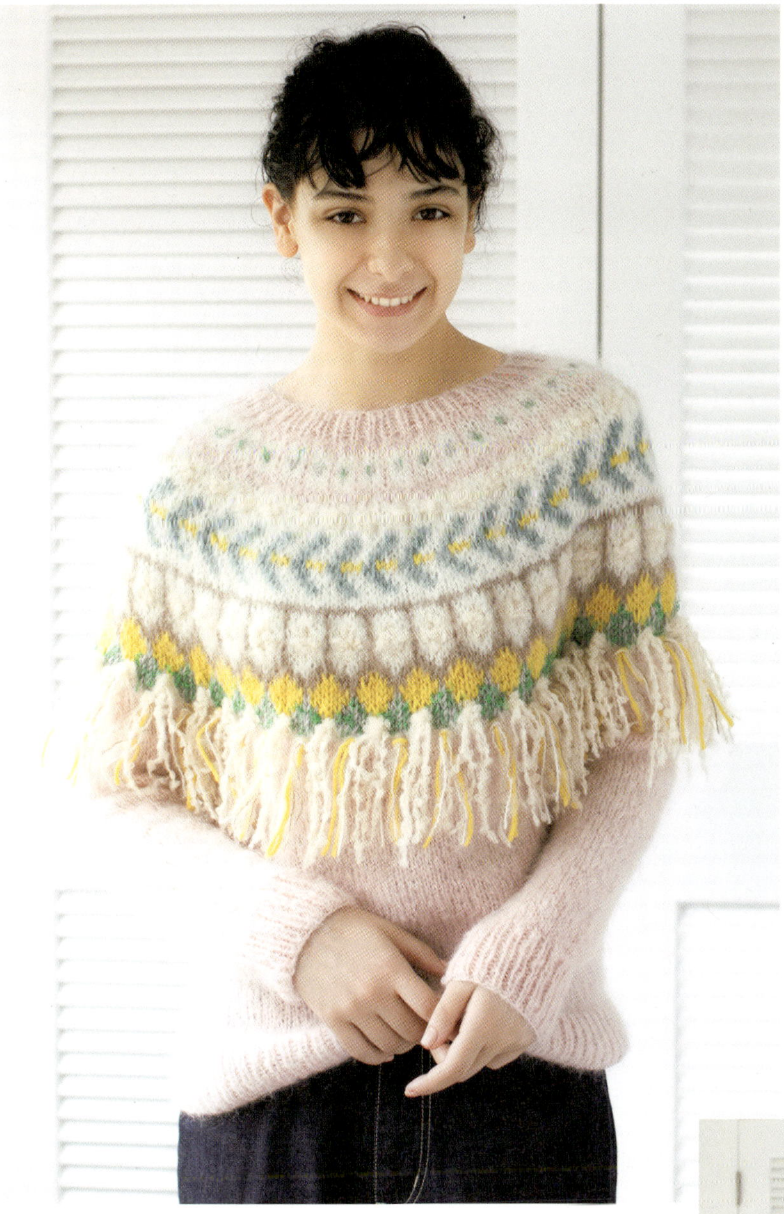

GEOMETRIC PATTERN
ROUND YORK PULLOVER

바지 / ADIEU TRISTESSE

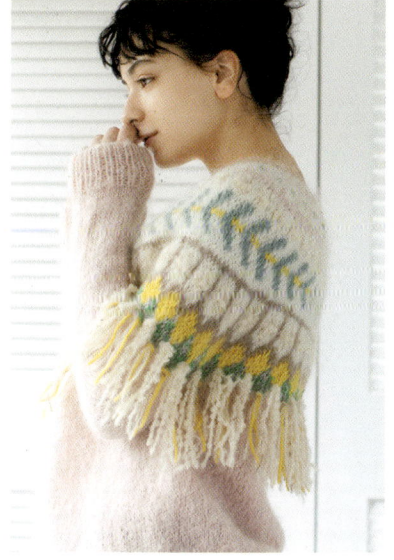

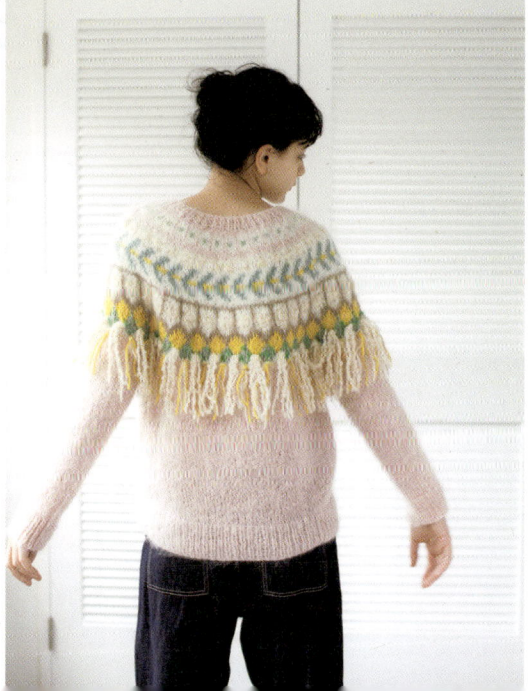

## C

### 북쪽지방 아이 풀오버

눈과 얼음으로 뒤덮인 지역에서 생활하는 민족의 의상을 입은 아이. 얼굴을 덮어 가리듯 털모자를 푹 눌러쓴 모습이 너무나도 사랑스러워서 배색무늬뜨기로 만들었어요. 실제 아이들이 입는 옷은 배색이 적지만 그 모습 그대로 도안을 만들면 조금 단조로운 느낌이 들어서 포인트 컬러를 넣었습니다. 털이 달린 실을 사용해서 복슬복슬 사랑스럽게 완성했어요.

Yarn » 하마나카 엑시드울L '병태사', 메리노울 퍼
How to knit » 71쪽

# D

## 메리야스뜨기 무늬 조끼

메리야스뜨기로 '메리야스무늬'를 떠봤어요.
사방 10센티미터에 2코×3단이 들어가는 메
리야스뜨기 코를 표현했습니다. 가는 실을
사용해서 좀 더 자연스러운 곡선을 그려냈어
요. 200그램 이하로 가볍게 완성됐는데 가
로 배색무늬뜨기로 떠서 따뜻하답니다. 진동
둘레에서 코줄임이 없고 어깨를 이은 뒤 소
맷단에 고무뜨기를 한 단순한 디자인이므로
배색무늬뜨기에 그다지 익숙하지 않은 분에
게도 추천합니다.

Yarn » 퍼피 브리티시 파인
How to knit » 08쪽

ONE POINT HEDGEHOG
PULLOVER

12

# E

## 원포인트 고슴도치 풀오버

어깨와 소매 끝에 오도카니 앉아 있는 고슴도치. 폭신폭신하고 가벼워서 뜨개질도 손쉽고 자꾸 손이 가는 풀오버랍니다. 무늬가 적은 만큼 바탕색은 과감한 색을 추천합니다. 자수에는 반짝이 실을 사용했는데 질감이 다른 팬시 얀을 사용해도 즐겁게 완성할 수 있어요.

Yarn » 퍼피 유리카 모헤어, 브리티시 에로이카,
미루아르 '페를'
How to knit » 65쪽

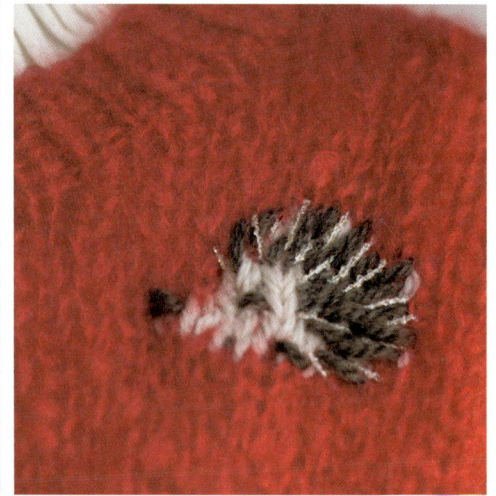

HEDGEHOG BAG

# F

## 고슴도치 가방

간단하고 눈에 확 띄는 가방을 만들고 싶어서 디자인
했어요. 털이 긴 실을 사용해서 뜨개코가 보이지 않으
니 왼손으로 뜨개바탕을 눌러 코의 위치를 확인해가
며 뜹니다. 얼굴 부분을 달 때 코끝이 위쪽을 향하게
하면 손으로 들었을 때 균형 있게 보입니다. 전철에서
앉을 때는 옆 사람에게 코끝이 닿을 수 있으니 주의하
세요.

Yarn » 다루마 페이크퍼, 메리노스타일 극태사
How to knit » 74쪽

HEDGEHOG POUCH

**G**

## 고슴도치 파우치

짧은뜨기로 뜬 후 가시를 수놓습니다. 수놓을 때 신경을 써서 안쪽에 길치는 실을 짧게 하면 안감을 달지 않아도 된답니다. 수놓는 방법이나 색상 선택으로 개성을 드러내기 쉬운 파우치이므로 과감하게 선명한 색의 실로 떠서 스팽글을 달아도 귀여워요. 바탕을 어두운색으로 뜨고 흰색으로 수놓아 반전시켜도 멋지답니다. 꼭 자신만의 고슴 도치를 떠보세요.

Yarn » 퍼피 브리티시 에로이카  How to knit » 75쪽

# H

## 회전목마 풀오버

지금까지 동물 모티프를 많이 떠왔는데 야생 느낌이 없는 동물도 뜨고 싶어서 디자인했어요. 즐거워 보이는 목마가 뒤쪽 몸판까지 이어져 있습니다. 바탕색으로 블랙 멜란지를 사용한 덕분에 반짝이 실이나 스팽글이 돋보여요. 목마의 폴 부분은 실을 가로로 걸치지 않아야 예쁘게 완성됩니다. 사소한 부분일수록 정성껏 만드세요.

Yarn » 퍼피 브리티시 에로이카, 유리카 모헤어, 미루아르 '페를'
How to knit » 56쪽

16

MERRY-GO-ROUND
PULLOVER

CHECK PATTERN SKIRT

## I

### 체크무늬 스커트

'옷감'의 조직을 '배색무늬뜨기'로 표현할 수 없을까 하고 생각한 일이 계기가 되어 만들어낸 패턴입니다. 무늬를 넣는 방법에 따라 게이지가 크게 변화하기 때문에 마무리 단계에서 다림질이 중요한 역할을 해요. 실 2가닥으로 튼튼하게 떠서 비침도 없으며 두꺼워서 실용적일 거예요. 허리 부분은 고무뜨기를 했는데 좀 더 여유를 주고 싶다면 마지막의 2코고무뜨기의 줄임코를 적게 하면 된답니다.

Yarn » 리치모어 퍼센트
How to knit » 72쪽

YARN BALL
PULLOVER

## J

### 실타래 풀오버

저의 생활에서 빼놓을 수 없는 털실은 전부터 뜨고 싶었던 모티프 중 하나랍니다. 가는 실을 쓰면 콧수와 단수가 늘어나는 탓에 뜨는 데 시간은 걸리지만 좀 더 상세하게 묘사할 수 있어요. 이 털실 모티프는 같은 계열 색의 '밝은색, 중간색, 어두운색' 3단계로 입체감을 표현하는데, 좋아하는 색으로 바꿔서 떠봐도 즐거울 거예요. 얇은 편이라 봄가을에도 입을 수 있어요.

Yarn » 리치모어 퍼센트
How to knit » 70쪽

POLAR BEAR PULLOVER

# K

## 북극곰 풀오버

북극곰은 몸집이 크고 힘센 인상을 주지만 작은 머리에 긴 목과 코가 균형을 이룬 모습이 아름다워서 여러 번 배색무늬 모티프로 사용했어요. 북극곰의 표정은 눈과 입을 어떻게 수놓느냐에 따라 달라집니다. 눈은 흰색 자수가 많을수록 사랑스러운 인상을 주며, 입은 입꼬리를 1밀리미터 올리거나 내리는 것만으로 미소 짓는 것 같거나 점잖아 보이기도 해요. 이것저것 시도해서 자신만의 개성 넘치는 표정을 찾아보세요.

Yarn » 퍼피 모나르카, 유리가 모헤어
How to knit » 76쪽

SNOWY MOUNTAIN
PULLOVER

# L

## 설산 풀오버

눈 덮인 산도 언젠가 떠보고 싶었던 모티프
중 하나예요. 옅은 색으로 그러데이션해서
무늬를 그려내기가 어려웠지만 배색무늬뜨
기의 재미를 다시 한번 느꼈습니다. '뜨개'만
으로는 조금 단조롭게 느껴져서, 같은 색 실
을 사용해 부분적으로 거칠게 수를 놓아 입
체감을 표현했어요. 예쁜 레몬옐로 바탕에
우뚝 솟은 겨울 산의 모습이 빛납니다.

Yarn » 하마나카 아메리
How to knit » 82쪽

## 펭귄가족 카디건

모노톤 속 약간의 오렌지색이 아름다운 황제펭귄과 포동포동한 새끼펭귄. 배경은 남극의 다이아몬드 더스트를 연상해서 모헤어에 반짝이 실을 겹쳤습니다. 차가운 색인데도 확실히 따뜻함이 느껴지다니, 털실은 정말로 근사하지 않나요?

Yarn » 퍼피 키드 모헤어파인, 유리카 모헤어, 미루아르 '페를', 브리티시 에로이카, 펠리지   How to knit » 79쪽

FOX BAG

## 여우 가방

여우도 좋아하는 모티프예요. 다양한 특성이 있는 동물은 여러 가지로 그려낼 수 있어서 즐겁답니다. 이번에도 가방과 머플러를 만들어서 전혀 다른 느낌으로 여우를 표현했어요. 가방의 야생 여우는 예전의 키트 상품용 디자인을 바탕으로 만들었는데 그때보다 조금 부드러운 표정으로 연출했습니다.

Yarn » 퍼피 브리티시 에로이카, 펠리지
How to knit » 84쪽

26

## 여우 목도리

이 여우는 귀엽게 만들었어요. 겨울의 시
크한 옷차림에 포인트를 줄 수 있게 활기
차고 화려하게 배색했습니다. 가는 모헤
어를 겹쳤기 때문에 일반적인 모헤어보
다 뜨개코가 가지런하게 떠집니다. 다리
의 양옆을 꿰매어 연결할 때는 실을 조금
빡빡하게 당겨서 안짱다리를 만들고, 얼
굴은 공기를 머금을 수 있도록 천천히 수
놓으세요.

Yarn » 퍼피 키드 모헤어파인
How to knit » 87쪽

FOX MUFFLER

## 걸러뜨기 재킷

걸러뜨기를 하며 몇 단마다 실을 바꾸는 것
만으로 만들어지는 단순한 무늬도 소재 선
택에 따라 즐길 수 있는 폭이 넓어집니다.
편물에 부피감이 있어서 아우터로 입을 수
도 있어요. 단순한 형태이므로 마무리의 테
두리뜨기가 돋보입니다. 균형 있게 코를 주
우세요. 단추는 정겨운 분위기가 잘 어울려
요. 어두운 색을 좋아하는 분은 '멍석뜨기
숄'의 배색을 참고해보세요.

Yarn » 다루마 메리노스타일 극태사, 퐁퐁울,
  스프라우트, 루프, 울 모헤어
How to knit » 90쪽

SLIP STITCH JACKET

## MOSS STITCH SHAWL

### 멍석뜨기 숄

멍석뜨기는 뜨개바탕의 양끝이 말리지 않고 평평하게 완성되므로 테두리뜨기와 같은 별다른 마무리 없이 대형 숄을 만들었습니다. 가볍고 촉감이 좋은 실로 뜨는 게 포인트에요. 가지런한 직사가형으로 완성되는 게 왠지 부족하게 느껴져서 실의 굵기를 달리해 과감하게 세로 라인에 움직임을 줬습니다. 어깨에 살짝 걸치거나 귀 부근까지 둘둘 감는 등 계절에 맞춰서 자유롭게 사용해보세요.

Yarn » 다루마 폼폼울, 스프라우트, 루프, 울 모헤어
How to knit » 86쪽

# R

## 꽃무늬 요크 풀오버

톱다운 스웨터는 무늬를 따라 뜨면 잇거나 꿰매어 연결하지 않고 완성되기 때문에 이득을 본 듯한 기분이 들어요. 무늬를 거꾸로 뒤집어 뜨게 되므로 처음 뜨는 분은 혼란스러울 수 있는데 1무늬마다 단코 표시링을 걸어 구분해서 뜨면 실수할 일이 없답니다. 옆구리와 소매 밑 부분에는 다른 무늬가 배치되니 주의하세요.

Yarn » 리치모어 퍼센트
How to knit » 100쪽

FLOWER PATTERN PULLOVER

FLOWER PATTERN HAND WARMER

# S

### 꽃무늬 핸드워머

두 색을 한 볼씩만 써서 뜰 수 있는 핸드워머는 가로 배색무늬뜨기를 해서 매우 따뜻하답니다. 30쪽의 풀오버도 마찬가지인데, 이 작품에서 사용한 '퍼센트'라는 실은 색상이 많아서 좋아하는 색으로 다양하게 조합해보면 즐거울 거예요.

Yarn » 리치모어 퍼센트
How to knit » 97쪽

거실 옆에 작업실이 있어요. 하지만 거실이 밝고 자연광이 들어오기 때문에 종종 거실 소파에 앉아서 뜨개질한답니다. 이 대바늘은 아주 오래전부터 사용한 클로버 제품이에요. 바늘은 플라스틱이든 대나무든 가리지 않고 사용합니다.

작업실 벽은 한 면이 붙박이 책장이에요. 예전에 만든 뜨개 도안은 파일로 관리하지요. 작품 만들기에 관한 자료로는 도감이나 사진집을 참고한답니다.

자주 쓰는 코바늘이나 색연필 등의 도구는 대충 세워서 즉시 꺼낼 수 있는 곳에 대기시켜놓아요. 동물 캡은 해외에 갔다가 사 왔는데 유머러스해서 마음이 편해져요.

수록 작품의 디자인 스케치를 쭉 훑어볼 수 있게 벽에 붙이고, 사용하는 실을 달아서 색의 균형을 확인합니다. 이 책은 이대로 관리해가며 진행했어요.

## 도카이 에리카식 배색무늬 디자인

저만의 배색무늬 디자인 방법을 처음으로 공개합니다.
먼저 일러스트를 그린 다음 모눈종이에 적용해 한 코씩
뜨개코로 베껴 그립니다.

STEP
1

먼저 일러스트를 그립니다. 처음에는 그리
기 쉬운 크기로 그리고 선이나 모양을 잡아
갑니다. 색도 칠해봅니다.

STEP
2

깨끗하게 그려서 작품 전체의 디자인
을 생각하며 확대하거나 축소합니다.
모티프가 입체적으로 보이도록 색을
나눠 칠해서 실의 배색을 결정합니다.

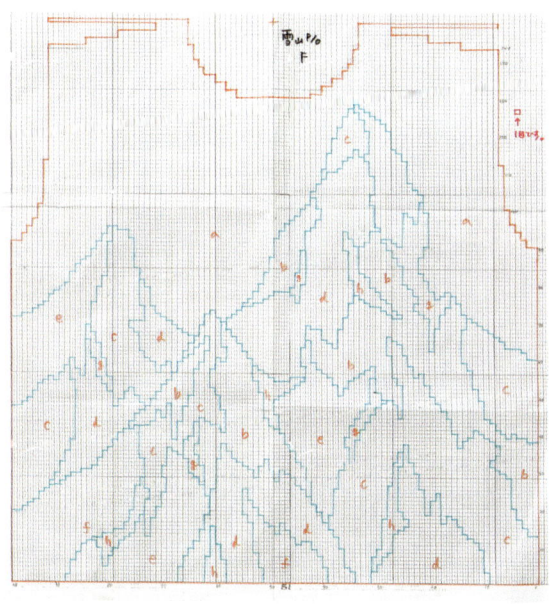

STEP
3

실물에 가까운 크기의 모눈종이로 패턴을 만들어서
도안을 베껴 그립니다. 1코의 차이로 완성된 이미지가
달라질 수도 있어서 가장 고민하는 작업이에요. 패턴
을 몸에 대고 거울로 확인해가며 미세 조정을 반복합
니다.

## 꽃과 버섯 카디건

바탕색이 자연스럽게 바뀌는 무늬를 만들어보고 싶어서 디자인 했습니다. '꽃과 버섯'은 둘 다 사랑스러운 모티프라서 배경은 시 크한 분위기로 연출했어요. 앞여밈단에 걸쳐지는 줄기 자수가 비 뚤어지지 않게 주의해야 해요. 예전에 잡지 《게이토다마》에서 발 표한 디자인인데 풀오버에서 카디건으로 변경했고 바탕색과 무 늬도 균형감 있게 다시 조정했습니다.

Yarn » 퍼피 소프트 도니골, 브리티시 에로이카, 유리카 모헤어
**How to knit** » 52쪽
* 포인트 레슨 » 46쪽

FLOWER & MUSHROOM
CARDIGAN

# U

## 레트로 팝 아란 스웨터

여러 가지 색을 사용해서 교차뜨기로 작품을 만들어보고 싶었어요. 처음의 고무뜨기 부분이 변칙적인데다 배색이 들어가서 교차뜨기가 시작되면 세로실과 가로실이 뒤섞여서 걸쳐지는 탓에 뜨개 도안에서 눈을 뗄 수 없는 패턴입니다. 어깨를 잇는 방법이나 목둘레의 고무단을 뜨는 방법 등이 배색을 우선적으로 고려하여 마무리하느라 일반적인 방법과 다르니 주의해야 해요. 중심의 벌집무늬는 콧수가 줄어들기 쉬우니 조심하세요.

Yarn » 리치모어 스펙터 모뎀
**How to knit** » 61쪽
* 포인트 레슨 » 47쪽

RETRO POP ARAN SWEATER

## V

### 레트로 팝 아란 모자

37쪽의 아란 스웨터와 마찬가지로 많은 색을 사용해 교차뜨기하는데 바탕색을 검은색으로 바꿔서 떠봤어요. 처음의 고무뜨기는 원통으로 뜨고 중간부터 왕복뜨기를 하기 때문에 일반적인 뜨개 방법보다 배색실이 잘 엉킵니다. 고무뜨기 부분이 원통이 아니어도 상관없는 분은 처음부터 왕복뜨기하세요. 이 경우에는 꿰맬 부분으로 남겨야 하니 시작코에서 2코를 더하세요.

Yarn » 리치모어 스펙터 모뎀
How to knit » 60쪽

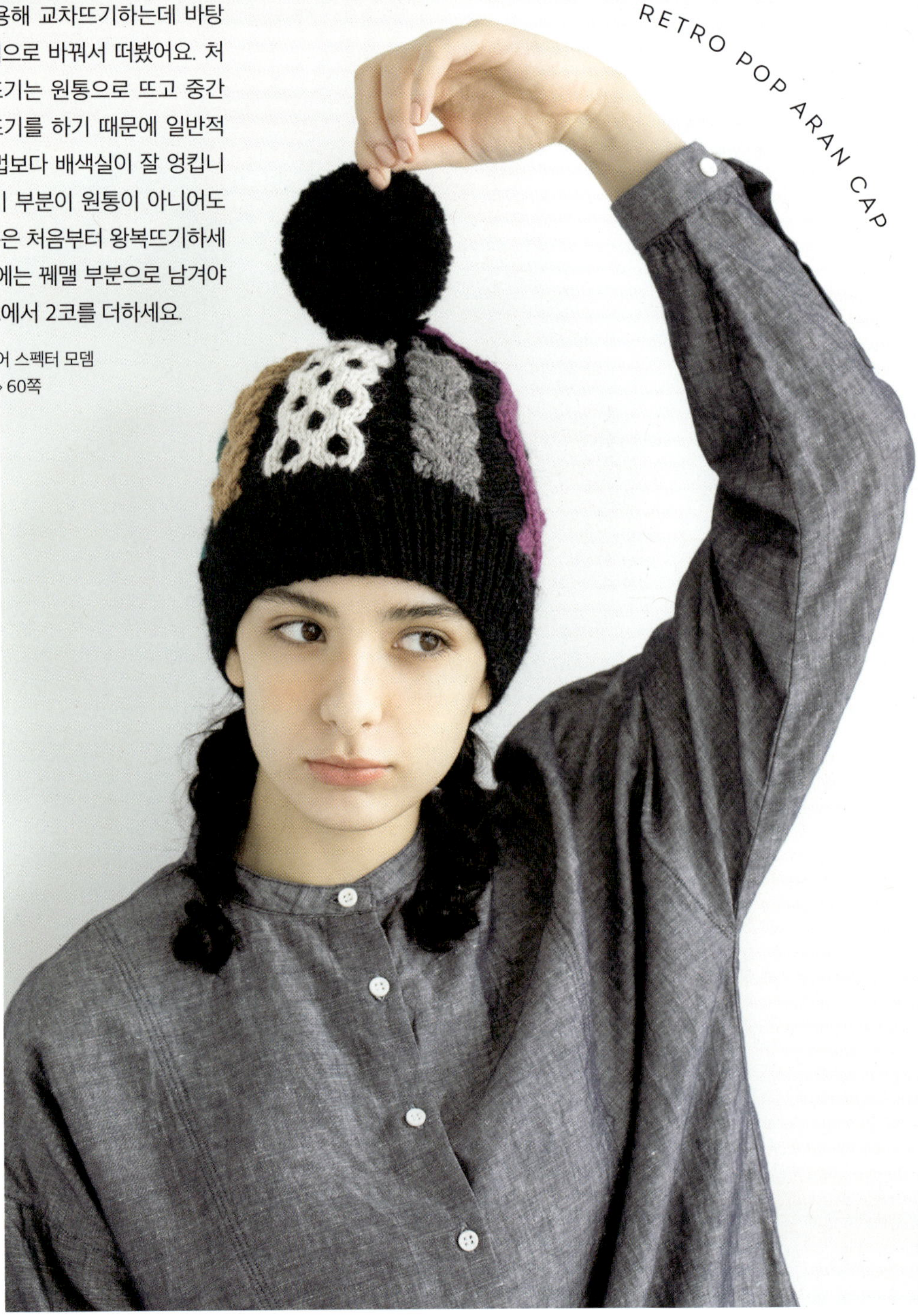

RETRO POP ARAN CAP



셔츠 / ADIEU TRISTESSE

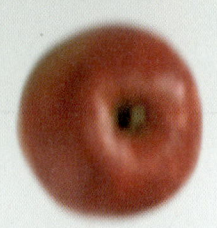

RABBIT VEST

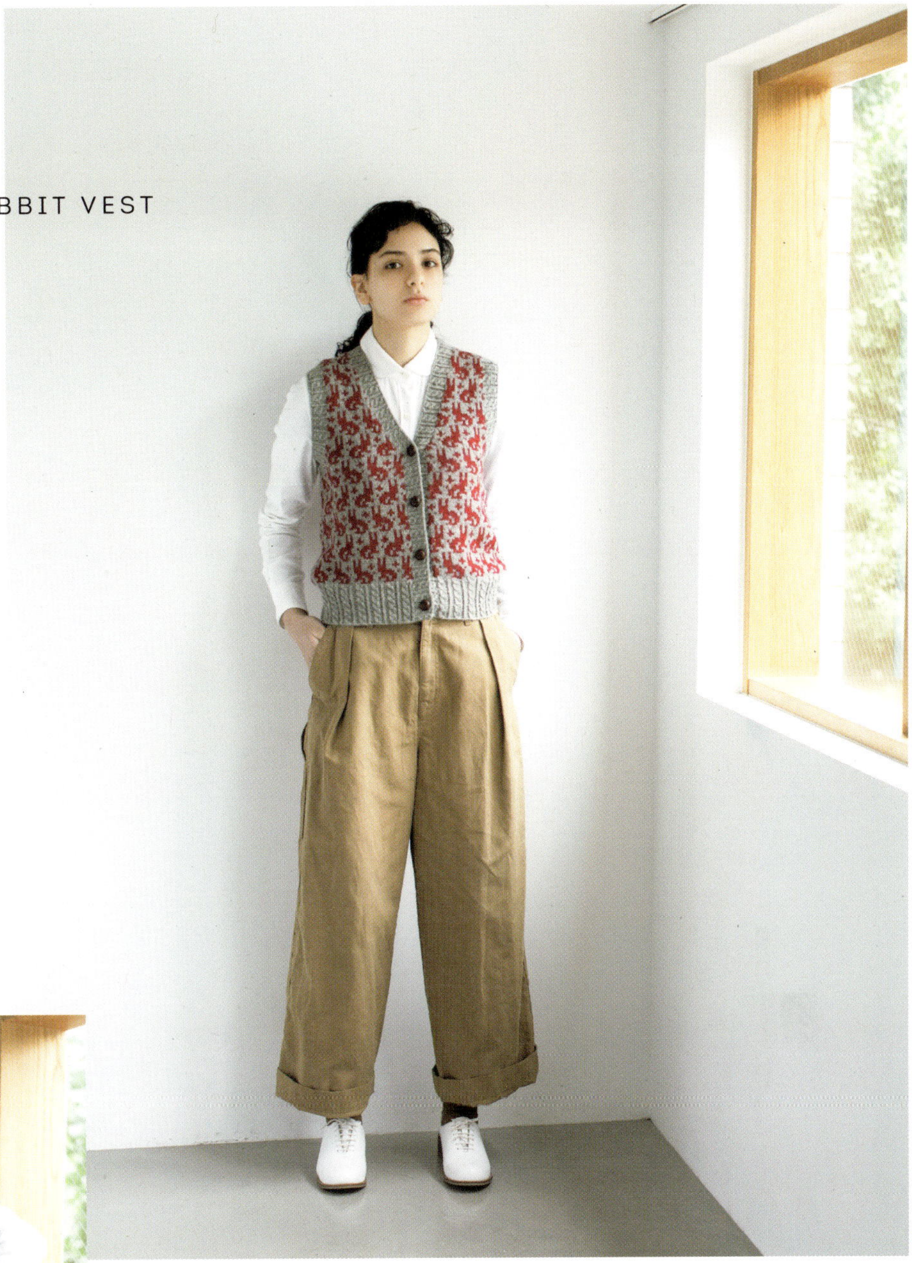

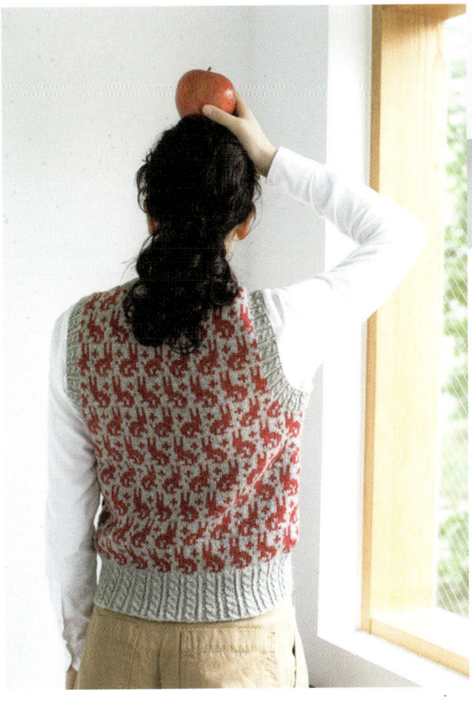

# W

## 토끼무늬 조끼

수많은 토끼를 패턴화해서 배색무늬뜨기한 조끼는 실루엣을 타이트하게 만들고 고무단을 큼직하게 해서 정겨운 분위기로 디자인했습니다. 아담한 느낌으로 완성되어 옷을 겹쳐 입기도 쉬워요. 신축성이 적은 무늬 고무단이므로 실을 꽉 당겨서 덮어씌워 코막음을 하세요.

Yarn » 퍼피 셰틀랜드 How to knit » 94쪽
* 포인트 레슨 » 44쪽

바지 / conges payes ADIEU TRISTESSE 구두 / ADIEU TRISTESSE

# X

## 양 풀오버

실에서 영감을 받아 디자인한 무늬입니다. 퍼 계열의 실에도 여러 종류가 있는데 이 뽀글뽀글한 퍼는 양털이에요. 꽤 낙낙한 풀오버의 넓은 범위에 크게 떠 넣었기 때문에 무거워 보이지 않도록 바탕색을 밝게 했답니다.

Yarn » 퍼피 소프트 도니골, 브리티시 에로이카, 프리미티보, 유리카 모헤어
How to knit » 92쪽

# 가로 배색무늬뜨기

40쪽 작품

가로 방향으로 실을 바꿔가며 뜨는 배색무늬뜨기입니다.
도카이 에리카가 제안하는 포인트도 꼭 활용해보세요.

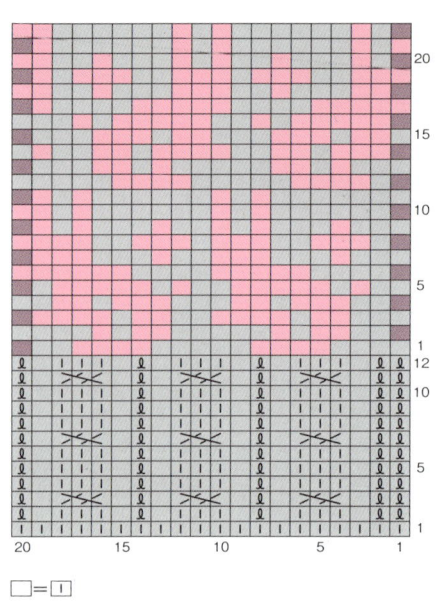

□ = □

배색 {
=그레이(바탕실)
=연지색(배색실)
=연지색과 그레이를 함께 뜬다
}

**1**

배색실

배색무늬뜨기 1단에서 바탕실로 겉뜨기 4코를 뜬
뒤 배색실로 뜨기 시작합니다. 실끝이 빠지지 않도
록 오른손으로 눌러놓습니다.

**2**

바탕실

배색실로 4코를 뜨고 위에서 본 모습. 바탕실을 배
색실 아래쪽으로 걸쳐서 다음의 5코를 바탕실로 뜹
니다.

**3**

배색실   바탕실

바탕실로 5코를 뜨고 위에서 본 모습. 배색실을 바
탕실 위쪽으로 걸쳐서 다음의 4코를 배색실로 뜹니
다.

**4**

마지막 코는 바탕실과 배색실 2가닥을 함께 뜹니
다. 실 2가닥이 느슨해지지 않게 걸쳐서 빼냅니다.

**5**

마지막 1코가 완성되었습니다.

**6**

안쪽에서 본 상태. 걸친 실이 울지 않게 주의하세
요. 걸친 실은 바탕실이 아래쪽, 배색실이 위쪽으로
오게 뜨세요.

**7**

2단은 안쪽을 보며 안뜨기를 합니다. 처음 1코는 실
2가닥으로 뜬 코가 갈라지지 않게 바탕실로 뜹니
다.

바탕실로 4코를 뜬 뒤 배색실을 바탕실 위쪽으로 걸쳐서 다음의 1코를 배색실로 뜹니다.

바탕실을 배색실 아래쪽으로 걸쳐서 다음의 1코를 바탕실로 뜹니다.

마지막 코는 바탕실과 배색실 2가닥을 함께 뜹니다. 걸친 실은 안쪽을 보며 뜰 경우에도 바탕실이 아래쪽, 배색실이 위쪽으로 오게 뜨세요.

### 걸친 실을 함께 뜬다

실이 길게 걸쳐진 채로 뜨면 걸친 실에 걸려 엉킬 수 있습니다. 이를 방지하기 위해 실이 6코 이상 걸쳐지는 부분에서는 다음 단에서 걸친 실을 끌어 올려 함께 떠서 고정하면 좋습니다.

10단을 다 뜬 모습. 바탕실로 6코를 뜬 부분은 배색실이 길게 걸쳐져 있습니다.

11단. 아랫단에 길게 걸친 실의 가운데에서 걸친 실을 오른쪽 바늘로 떠 올립니다.

왼쪽 바늘에 걸고 다음 코와 함께 바늘을 넣어서 뜹니다.

걸친 실이 고정되었습니다.

걸친 부분
고정된 부분

안쪽에서 보면 아랫단의 걸친 실이 고정된 것을 알 수 있습니다. 지금 뜬 11단도 6코를 걸친 부분이 있으므로 다음 단을 뜰 때 걸친 실을 함께 뜹니다.

# 세로 배색무늬뜨기

34쪽 작품

커다란 무늬를 뜰 때 사용하는 기법입니다.
'인타시어intarsia'라고 불리기도 합니다.

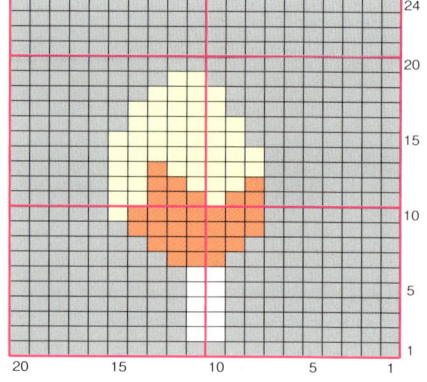

배색 {
=그레이(바탕실)
=크림
=노랑
=오렌지
}

□=1

1

배색실

2단에서 색을 바꾸기 직전까지 뜨면 바탕실을 쉬게 해두고 배색실로 2코를 뜹니다.

2

새로운 바탕실

다음에 뜨는 바탕실은 먼저 뜬 것과는 다른, 따로 준비한 새 실타래에서 실을 가져와 대어 뜹니다. 실 끝이 빠지지 않게 주의합니다.

3

2단을 다 떴습니다. 실타래는 손가락으로 감거나 시중에서 판매하는 실패에 감아서 준비하면 좋습니다.

4

3단에서 색을 바꿀 때는 지금까지 뜬 실과 다음에 뜰 실을 사진과 같이 교차시킨 뒤 뜹니다.

5

이렇게 색을 바꾼 부분에서 실을 교차시켜가며 세로로 실을 걸쳐가는 방법을 '세로 배색무늬뜨기'라고 합니다.

6

11단의 10코에서 노란색 배색실은 아랫단에서 1코를 뜨고 쉬게 해두는데 다음에 뜰 코가 5코 이하라면 사진과 같이 다음 단으로 실을 가져가 색의 경계 부분에서 실을 교차시켜 뜹니다.

7

같은 색이 바로 나올 경우에는 사진과 같이 부분적으로 가로 배색무늬뜨기도 할 수 있습니다.

8

바탕실과의 경계 부분은 세로 배색무늬뜨기로 실을 교차시켜서 뜹니다.

9

뜨개바탕의 안쪽은 사진과 같은 상태가 됩니다.

**10**

겉쪽에서 봤을 때 배색의 경계 부분이 느슨해지지 않도록 배색을 바꾸면서 교차시킨 실을 꽉 잡아당기는 것이 중요합니다.

---

# 배색 아란무늬

36쪽 작품

아란무늬와 배색무늬뜨기를 조합해 뜨개질하는 재미를 느낄 수 있는 기법입니다.
실을 걸치는 방법에 주의해서 뜨세요.

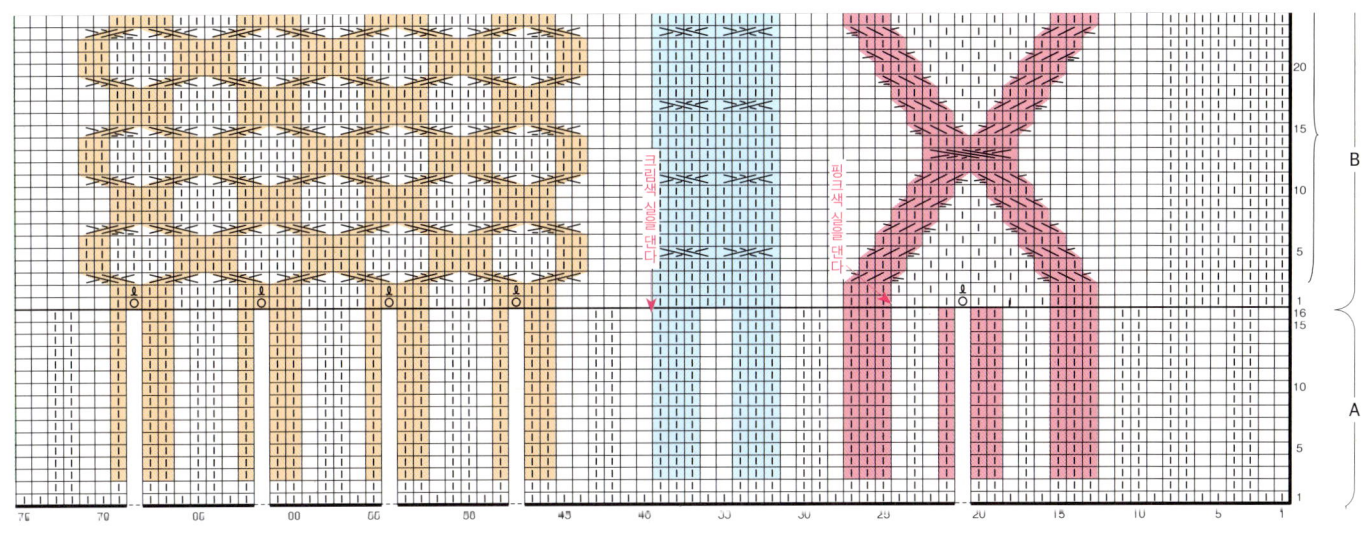

□ = ─

배색

□ = 크림(바탕실)
□ = 오렌지
□ = 연청색
□ = 핑크

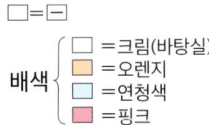

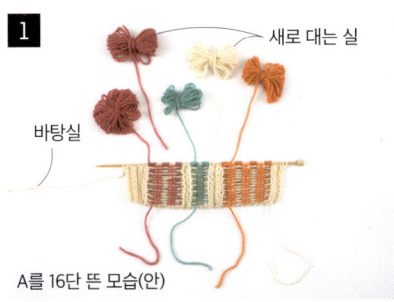

새로 대는 실

바탕실

A를 16단 뜬 모습(안)

A는 바탕실인 크림색 실을 가로로 걸쳐서 뜹니다. 배색은 같은 색 부분을 가로 배색무늬뜨기, 색의 경계 부분은 세로 배색무늬뜨기로 뜹니다. B에서 무늬에 맞춰 새로운 실을 댑니다.

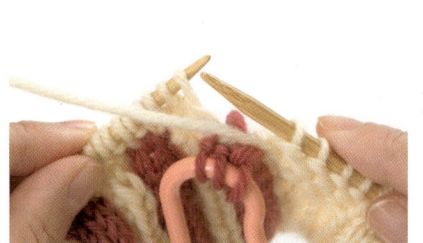

**2**

3단부터 교차무늬를 넣습니다. 핑크 배색실 3코를 꽈배기바늘에 끼워 넣고 앞쪽에서 쉬게 해둡니다. 핑크색 실을 아래쪽에 놓고 크림색 실로 안뜨기 1코를 뜹니다.

**3**

핑크색 실과 크림색 실을 교차시켜서 꽈배기바늘의 3코를 핑크색 실로 겉뜨기합니다.

다음 페이지에 계속 ▶

**4**

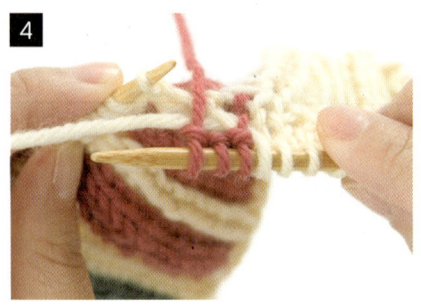

크림색 실을 핑크색 실 아래쪽에서 걸쳐서 크림색 실로 안뜨기합니다.

**5**

안쪽에 걸친 크림색 실이 울지 않게 주의하세요.

**6**

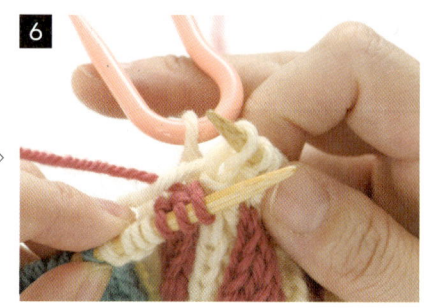

가운데 부분의 8코를 멍석뜨기하고 다음 교차뜨기를 합니다. 꽈배기바늘에 크림색 실 1코를 끼워 넣고 뒤쪽에서 쉬게 해둡니다. 새로운 핑크색 실로 겉뜨기 3코를 뜹니다.

**7**

꽈배기바늘의 1코를 크림색 실로 안뜨기합니다.

**8**

사진과 같이 케이블 부분만 배색된 상태가 됩니다.

**9**

A에서 이어지는 크림색　새로 댄 핑크색

새로 댄 크림색

3단까지 다 떴습니다. 사진처럼 연청색 실의 교차무늬를 경계 부분으로 해서 크림색 실을 나눠 뜹니다.

**10**

12~14단에서 핑크색 실 2가닥이 교차하는 부분은 1가닥만 사용해서 뜹니다. 쉬게 해둔 핑크색 실은 15단을 뜰 때 사진과 같이 실을 걸쳐서 계속 뜹니다.

**11**

가로 세로의 배색무늬와 교차무늬를 조합하면 뜨개 바탕의 케이블 부분이 더욱 돋보입니다.

**12**

안쪽의 상태입니다. 세로 배색무늬뜨기 영역은 경계 부분이 느슨해지지 않게 실을 꽉 잡아당기세요. 가로 배색무늬뜨기 영역은 실이 울지 않게 주의하세요.

**13** 목둘레의 덮어씌워 코막기

목둘레는 아랫단과 같은 색을 떠서 덮어씌워 코막음합니다.

**14** 어깨 잇기

어깨 경사의 단 정리 부분까지 배색해서 뜹니다. 실은 그대로 자르지 말고 남겨놓습니다. 앞판도 같은 요령으로 뜹니다.

**15**

어깨는 코바늘을 이용해 빼뜨기로 이어서 합칩니다. 배색실 부분은 같은 색(쉬게 해둔 배색실)으로 빼냅니다.

**16**

크림색 실은 가로로 걸쳐서 다음 부분을 빼뜨기로 잇습니다.

**17**

빼뜨기로 잇기가 완성되었습니다.

**18** 목둘레의 코줍기

목둘레에도 배색무늬가 있으므로 왕복뜨기합니다. 가운데 부분까지는 크림색으로 뜹니다.

**19**

오렌지색 코부터는 오렌지색 실로 코를 줍습니다.

**20**

몸판의 색이 이어지게 배색해가며 지정한 콧수를 줍습니다.

**21**

목둘레의 코를 다 주웠습니다. 크림색은 1타래를 가로로 걸쳐서 뜨고 오렌지색은 앞뒤로 2타래를 준비해놓습니다. 배색 경계 부분은 세로 배색무늬뜨기 영역에서 뜹니다.

# YARN 이 책에서 사용한 실(실물 크기)

## 【퍼피PUPPY】

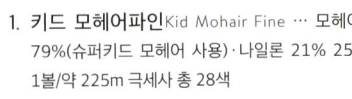

1. 키드 모헤어파인Kid Mohair Fine … 모헤어 79%(슈퍼키드 모헤어 사용)·나일론 21% 25g 1볼/약 225m 극세사 총 28색

2. 셰틀랜드Shetland … 울 100%(영국산 양모 100% 사용) 40g 1볼/약 90m 병태사 총 35색

3. 소프트 도니골Soft Donegal … 울 100% 40g 1볼/약 75m 병태사 총 8색

4. 브리티시 에로이카British Eroika … 울 100%(영국산 양모 50% 이상 사용) 50g 1볼/약 83m 극태사 총 35색

5. 브리티시 파인British Fine … 울 100% 25g 1볼/약 116m 중세사 총 35색

6. 프리미티보Primitivo … 울 50%(엑스트라파인 메리노 사용)·모헤어 40%(슈퍼키드 모헤어 사용)·나일론 10% 25g 1볼/약 32m 병태사 총 6색

7. 펠리지Pelage … 알파카 63%(베이비알파카 사용)·나일론 26%·울 11% 50g 1볼/약 88m 극태사 총 8색

8. 미루아르 '페를'Miroir <Perle> … 폴리에스테르 50%·레이온 50% 20g 1볼/약 230m 초극세사 총 7색

9. 모나르카monarca … 알파카 70%·울 30% 50g 1볼/약 89m 극태사 총 10색

10. 유리카 모헤어Julika Mohair … 모헤어 86%(슈퍼키드 모헤어 100% 사용)·울 8%(엑스트라파인 메리노 100% 사용)·나일론 6% 40g 1볼/약 102m 병태사 총 12색

## 【다루마DARUMA】

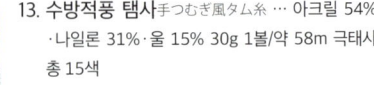

11. 울 모헤어Wool Mohair … 모헤어 56%(키드 모헤어 36%·슈퍼키드 모헤어 20%)·울(메리노) 44% 20g 1볼/약 46m 극태사 총 12색

12. 스프라우트Sprout … 울 74%·면 15%·폴리에스테르 11% 40g 1볼/약 53m 극태사 총 5색

13. 수방적풍 탬사手つむぎ風タム糸 … 아크릴 54%·나일론 31%·울 15% 30g 1볼/약 58m 극태사 총 15색

14. 페이크퍼Fake Fur … 아크릴 95%·폴리에스테르 5% 약 15m 초극태사 총 5색

15. 폼폼울PomPom Wool … 울 99%·폴리에스테르 1% 30g 1볼/약 42m 극태사 총 11색

16. 메리노스타일Merino Style 극태사 … 울(메리노) 100% 40g 1볼/약 65m 극태사 총 12색

17. 루프Loop … 울 83%·알파카(베이비알파카) 17% 30g 1볼/약 43m 초극태사 총 7색

## 【하마나카HAMANAKA】

18. 아메리Amerry … 울(뉴질랜드산 메리노) 70%·아크릴 30% 40g 1볼/약 110m 병태사 총 53색

19. 엑시드울LExceed Wool L '병태사' … 울 100%(엑스트라파인 메리노 사용) 40g 1볼/약 80m 병태사 총 37색

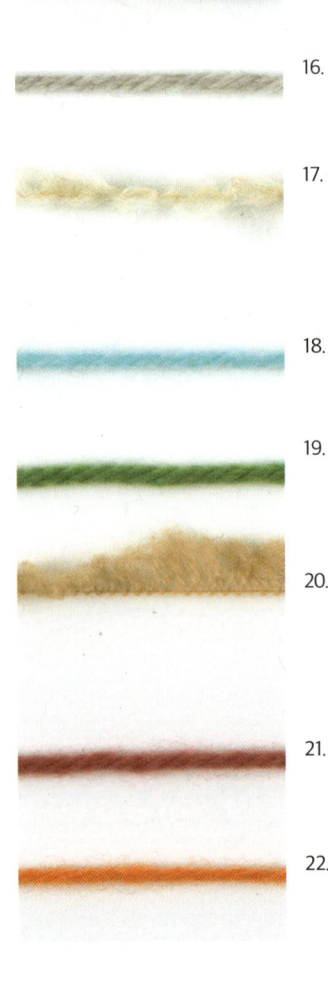

20. 메리노울 퍼Merino Wool Fur … 울(메리노울) 95%·나일론 5% 50g 1볼/약 78m 극태사 총 8색

## 【리치모어RICH MORE】

21. 스펙터 모뎀Spectre Modem … 울 100% 40g 1볼/약 80m 극태사 총 50색

22. 퍼센트Persent … 울 100% 40g 1볼/약 120m 합태사 총 100색

※ 실에 관한 정보는 2020년 11월 1일 기준입니다. 실은 예고 없이 변경, 단종될 수 있으니 양해 바랍니다. ※ 실에 관한 문의처는 P.112를 참조하세요.

# HOW TO KNIT

### 작품을 뜨는 방법

* 뜨개의 기초는 103쪽에서 소개하는 테크닉 가이드를 참조하세요.

* 그림 속 숫자의 단위는 ㎝입니다.

* 실 사용량은 작품을 제작한 당시 기준입니다. 뜨는 사람의 손놀림에 따라 필요한 실의 양이 크게 달라질 수 있습니다. 염려될 경우에는 넉넉하게 준비하는 것을 추천합니다.

* 작품 치수는 뜨는 사람의 손놀림에 따라 달라집니다. 치수대로 완성하고 싶은 경우에는 표시해놓은 게이지에 맞춰서 바늘 호수를 조정하세요. 게이지보다 콧수와 단수가 많은 경우에는 바늘 호수를 높이고, 적은 경우에는 바늘 호수를 낮춥니다.
  (일본 대바늘 호수는 3호 기준 3mm이며, 호수가 커지면 0.3mm씩 늘어납니다-감수자)

* 사용된 실, 색상은 예고 없이 단종될 수 있으니 양해 바랍니다. 다른 실로 뜨는 경우에는 50쪽을 참조하여 비슷한 실을 준비하세요.

* 단추나 스팽글 등을 달거나 천을 꿰매는 실은 재료에 표기해놓지 않았습니다. 소재에 어울리며 눈에 띄지 않는 색상의 실을 적당히 준비하세요.

- **재료**: 퍼피 소프트 도니골, 브리티시 에로이카, 유리카 모헤어(사용량은 표 참조), 지름 2㎝ 단추 5개, 지름 6㎜ 육각형 스팽글 골드 24개
- **완성 치수**: 가슴둘레 106㎝, 총길이 60.5㎝, 어깨너비 53㎝, 소매길이 46.5㎝
- **도구**: 대바늘 9호, 7호
- **게이지**: 10㎝×10㎝ 배색무늬뜨기 16코 22단

• **뜨는 방법**

앞판, 뒤판, 소매는 일반적인 시작코를 만들어서 뜨기 시작하며 1코고무뜨기, 세로 배색무늬뜨기로 뜹니다. 어깨는 빼뜨기로 잇습니다. 목둘레는 코줍기를 해서 1코고무뜨기로 뜹니다. 뜨개 끝부분은 1코고무뜨기를 하면서 덮어씌워 코막음을 합니다. 앞여밈단은 목둘레와 똑같은 요령으로 뜹니다. 앞판, 뒷판, 소매에 수를 놓습니다. 소매는 코와 단 잇기로 몸판에 답니다. 옆선, 소매옆선은 실을 떠 올려서 꿰매 연결합니다.

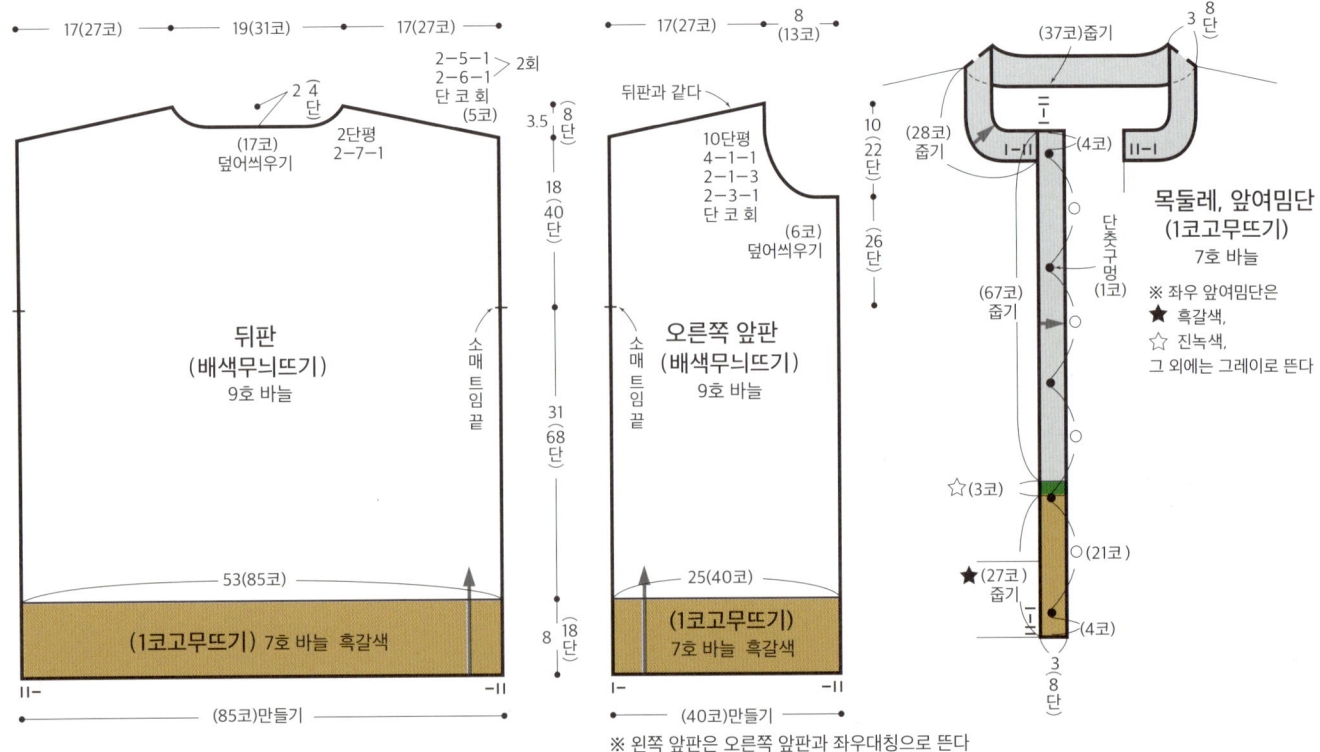

**뒤판**
(배색무늬뜨기)
9호 바늘

**오른쪽 앞판**
(배색무늬뜨기)
9호 바늘

**목둘레, 앞여밈단**
(1코고무뜨기)
7호 바늘

※ 좌우 앞여밈단은
★ 흑갈색,
☆ 진녹색,
그 외에는 그레이로 뜬다

(1코고무뜨기) 7호 바늘 흑갈색

(1코고무뜨기)
7호 바늘 흑갈색

※ 왼쪽 앞판은 오른쪽 앞판과 좌우대칭으로 뜬다

**실 사용량**

| 소프트 도니골 | |
|---|---|
| 그레이(5221) | 260g |
| 흑갈색(5210) | 100g |
| 브리티시 에로이카 | |
| 청록색(184) | 20g |
| 진녹색(209) | 15g |
| 남색(101) | 10g |
| 와인레드(168) | 10g |
| 그레이핑크(180) | 10g |
| 크림(134) | 10g |
| 오렌지(186) | 소량 |
| 핑크(189) | 소량 |
| 유리카 모헤어 | |
| 빨간색(307) | 10g |
| 파란색(304) | 소량 |
| 노란색(306) | 소량 |

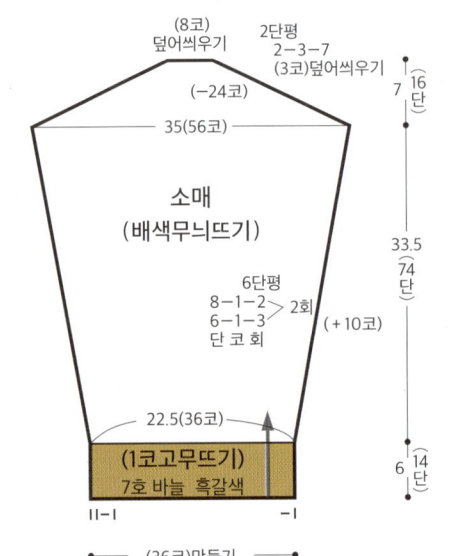

**소매**
(배색무늬뜨기)

(1코고무뜨기)
7호 바늘 흑갈색

(36코)만들기

**프렌치노트 스티치**

1 빼기

실을 걸며 바늘 끝을 위쪽으로 향한다

2 넣기
실을 당긴다

# 뒤판 배색무늬뜨기 도안

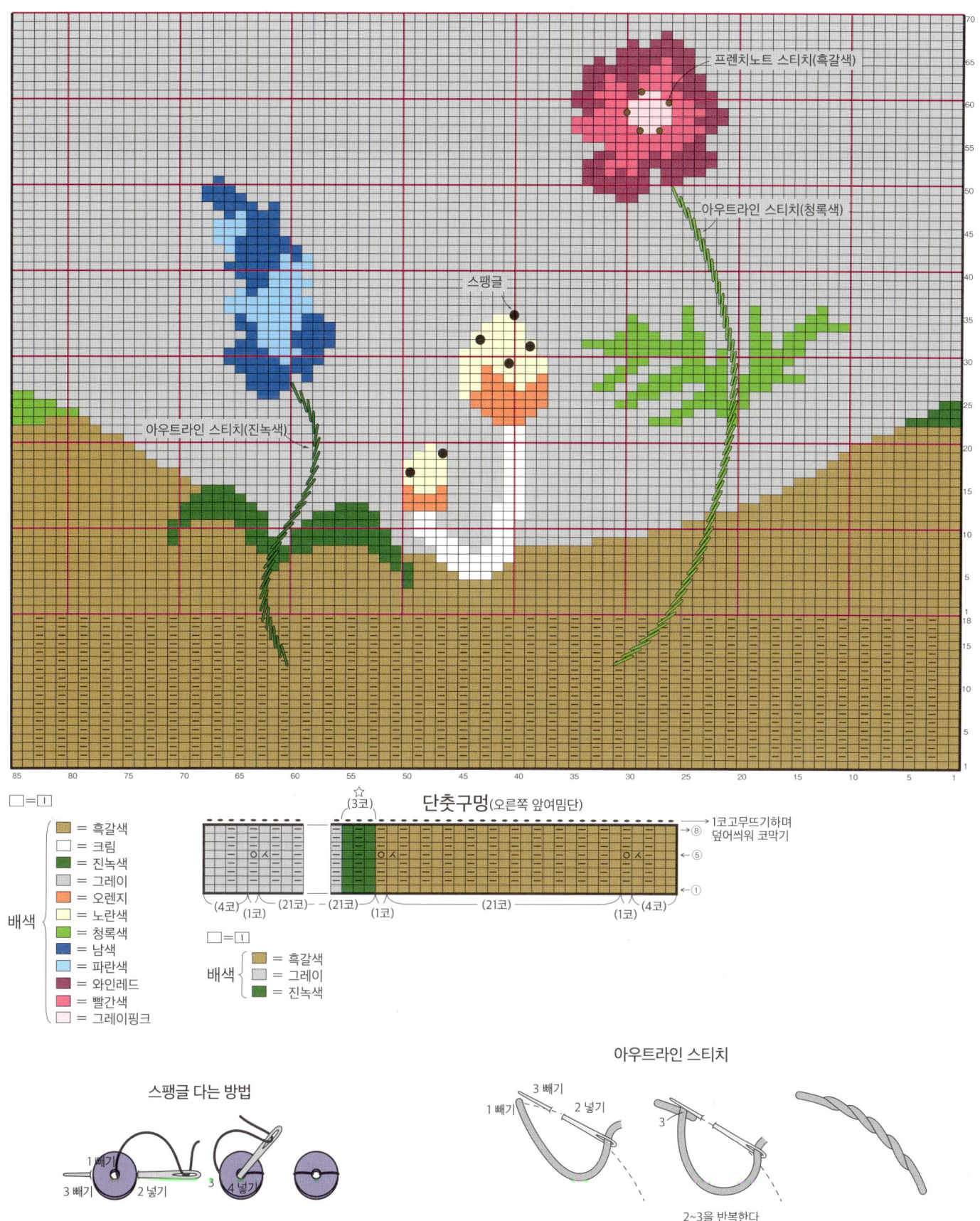

프렌치노트 스티치(흑갈색)

아우트라인 스티치(청록색)

스팽글

아우트라인 스티치(진녹색)

□ = I

배색
- = 흑갈색
- = 크림
- = 진녹색
- = 그레이
- = 오렌지
- = 노란색
- = 청록색
- = 남색
- = 파란색
- = 와인레드
- = 빨간색
- = 그레이핑크

## 단춧구멍(오른쪽 앞여밈단)

(3코)
☆

1코고무뜨기하며
덮어씌워 코막기 →
⑧ →
⑤ ←
① ←

(4코) (1코) (21코) — (21코) (1코) (21코) (1코) (4코)

□ = I

배색
- = 흑갈색
- = 그레이
- = 진녹색

## 스팽글 다는 방법

1 빼기
3 빼기 2 넣기
3
4 넣기

## 아우트라인 스티치

3 빼기
1 빼기 2 넣기
3

2~3을 반복한다

앞판 배색무늬뜨기 도안

오른쪽 앞판　왼쪽 앞판

프렌치노트 스티치 (흑갈색)

프렌치노트 스티치 (흑갈색)

아우트라인 스티치 (청록색)

아우트라인 스티치 (진녹색)

스팽글

아우트라인 스티치 (크림)

스팽글

앞여밈단　앞여밈단

※ 단춧구멍은 53쪽 참조

□ = 🔲

배색
- = 흑갈색
- = 그레이
- = 크림
- = 청록색
- = 진녹색
- = 그레이핑크
- = 핑크
- = 남색
- = 파란색
- = 오렌지색
- = 노란색
- = 빨간색
- = 와인레드

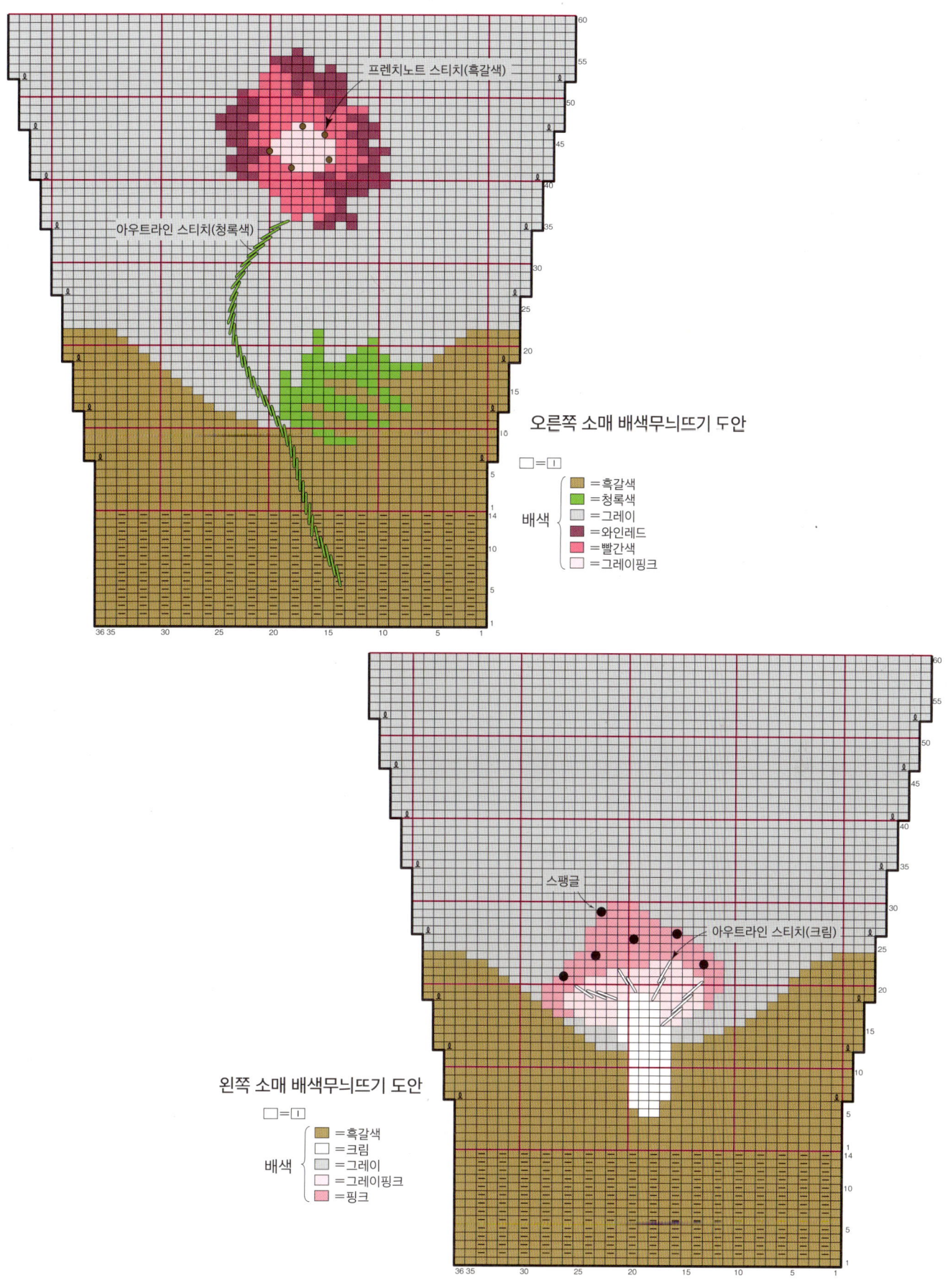

프렌치노트 스티치(흑갈색)

아우트라인 스티치(청록색)

오른쪽 소매 배색무늬뜨기 두안

□=□

배색 ⎰ =흑갈색
⎱ =청록색
=그레이
=와인레드
=빨간색
=그레이핑크

스팽글

아우트라인 스티치(크림)

왼쪽 소매 배색무늬뜨기 도안

□=□

배색 ⎰ =흑갈색
⎱ =크림
=그레이
=그레이핑크
=핑크

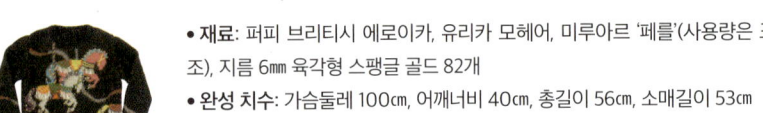

• **재료:** 퍼피 브리티시 에로이카, 유리카 모헤어, 미루아르 '페를'(사용량은 표 참조), 지름 6mm 육각형 스팽글 골드 82개

• **완성 치수:** 가슴둘레 100cm, 어깨너비 40cm, 총길이 56cm, 소매길이 53cm

• **도구:** 대바늘 9호, 7호

• **게이지:** 10cm×10cm 배색무늬뜨기 16코 22단

• **뜨는 방법**

앞판, 뒤판, 소매는 일반적인 시작코를 만들어서 뜨기 시작하며 무늬뜨기, 세로 배색무늬뜨기로 뜹니다. 앞판, 뒤판에 수를 놓습니다. 어깨는 빼뜨기로 잇고 옆선과 소매옆선은 실을 떠 올려서 꿰매 연결합니다. 목둘레는 코를 주워서 원통으로 무늬뜨기합니다. 뜨개 끝 부분은 무늬뜨기를 하면서 느슨하게 덮어씌워 코막음을 합니다. 소매는 빼뜨기로 이어서 몸판에 답니다.

### 실 사용량

| 브리티시 에로이카 | |
|---|---|
| 검은색(205) | 415g |
| 블루(207) | 15g |
| 베이지(143) | 10g |
| 보라색(183) | 10g |
| 레몬(206) | 10g |
| 적갈색(201) | 10g |
| 핑크(189) | 10g |
| 녹색(197) | 5g |
| 오렌지(186) | 5g |
| **유리카 모헤어** | |
| 회보라색(311) | 15g |
| **미루아르 '페를'** | |
| 골드(402) | 소량 |

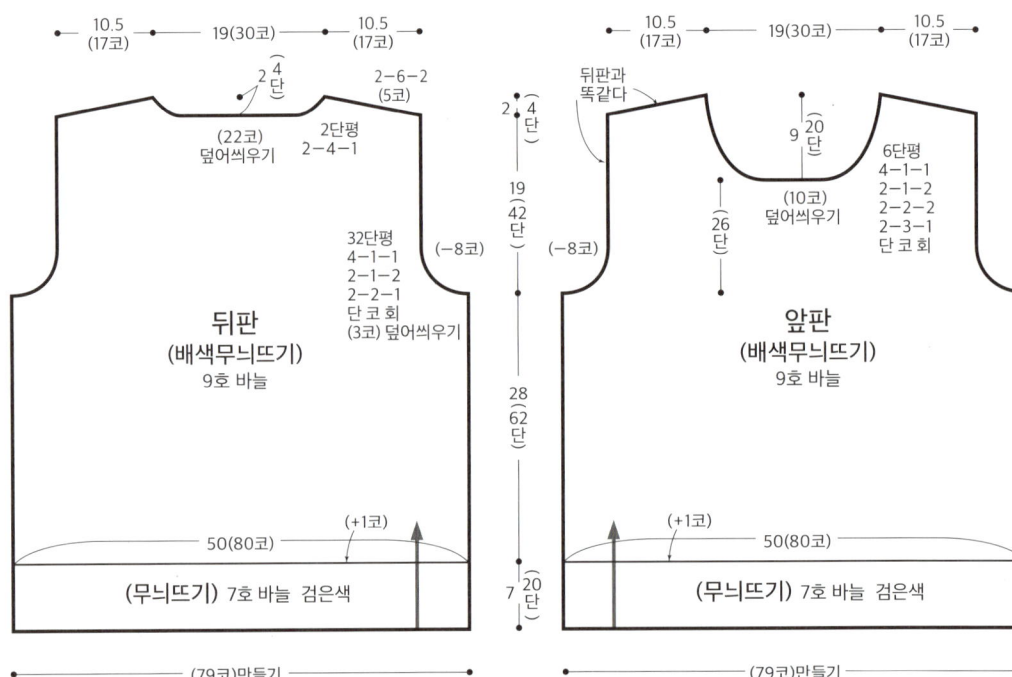

뒤판
(배색무늬뜨기)
9호 바늘

앞판
(배색무늬뜨기)
9호 바늘

10.5(17코)  19(30코)  10.5(17코)

2-4단
(22코)덮어씌우기  2단평 2-4-1  2-6-2(5코)

32단평
4-1-1
2-1-2
2-2-1
단 코 회
(3코)덮어씌우기

(−8코)

19(42단)

28(62단)

7(20단)

50(80코)  (+1코)

(무늬뜨기) 7호 바늘 검은색

(79코)만들기

뒤판과 똑같다

2-4단  19(42단)  (−8코)

9-20단
(10코)덮어씌우기  6단평 4-1-1 2-1-1 2-2-2 2-3-1 단 코 회

(26단)

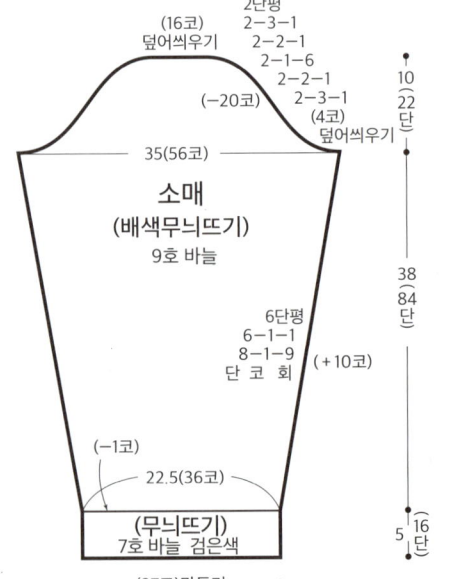

소매
(배색무늬뜨기)
9호 바늘

(16코)덮어씌우기  2단평 2-3-1 2-1-1 2-1-6 2-2-1 2-3-1 (4코)덮어씌우기

(−20코)

35(56코)

10(22단)

38(84단)

5(16단)

6단평 6-1-1 8-1-9 단 코 회  (+10코)

(−1코)

22.5(36코)

(무늬뜨기) 7호 바늘 검은색

(37코)만들기

### 목둘레 (무늬뜨기)
7호 바늘 검은색

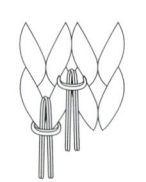

(34코)줍기  3-8단

(64코)줍기

### 무늬뜨기 (목둘레)

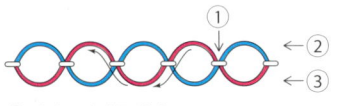

□ = ⊟  뜨개 시작

### 프린지 다는 방법

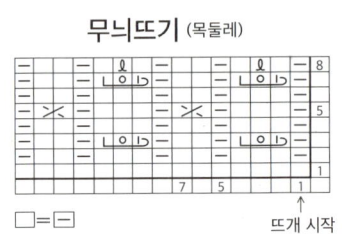

5cm의 골드 실 2가닥을 반으로 접어서 프린지 다는 위치에 연결한다

### 스레디드 러닝 스티치

① 러닝 스티치를 한다.
② ①에 실을 통과시켜서 실이 둥글어지게 모양을 잡으며 위아래를 번갈아 수놓는다.
③ ②와 똑같은 요령으로 수놓는다.

### 스트레이트 스티치

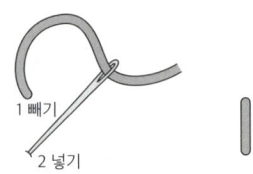

1 빼기

2 넣기

아웃라인 스티치, 스팽글 다는 방법은 53쪽

# 뒤판 배색무늬뜨기 도안

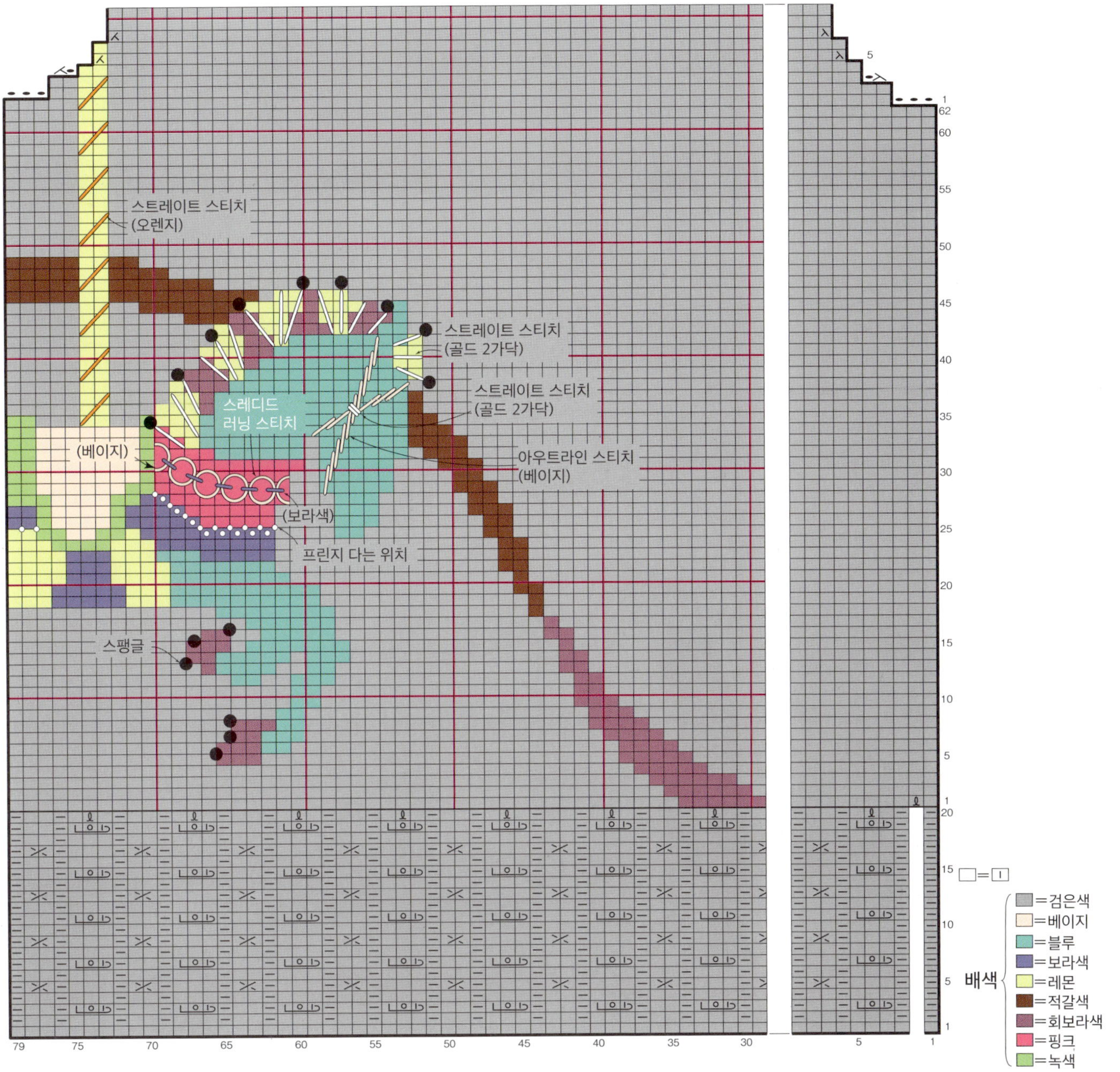

스트레이트 스티치
(오렌지)

스트레이트 스티치
(골드 2가닥)

스트레이트 스티치
(골드 2가닥)

스레디드
러닝 스티치

아우트라인 스티치
(베이지)

(베이지)

(보라색)

프린지 다는 위치

스팽글

배색

- =검은색
- =베이지
- =블루
- =보라색
- =레몬
- =적갈색
- =회보라색
- =핑크
- =녹색

□=Ⅰ

## ✕ 왼코 위 1코교차뜨기

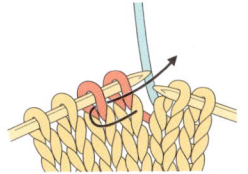

**1** 왼쪽 코에 화살표와 같이
바늘을 넣습니다.

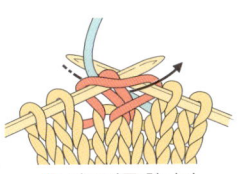

**2** 겉뜨기를 합니다.

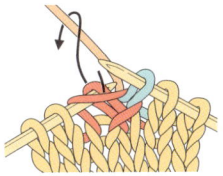

**3** 그 상태로 오른쪽 코를
겉뜨기합니다.

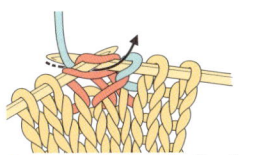

**4** 실을 빼낸 뒤 왼쪽 바늘에
서 2코를 벗겨냅니다.

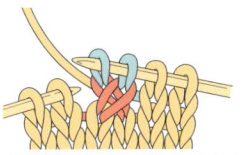

**5** 왼코 위 1코교차뜨기가
완성되었습니다.

앞판 배색무늬
뜨기 도안

배색
⬜ =검은색
⬜ =베이지
⬜ =블루
⬜ =보라색
⬜ =레몬
⬜ =적갈색
⬜ =회보라색
⬜ =핑크
⬜ =녹색
⬜ =오렌지

⬜ = ㅣ

스트레이트 스티치
(골드 2가닥)

스팽글

스트레이드
러닝 스티치

(레몬)

스트레이트 스티치
(골드 2가닥 2의
2가닥)

아웃트라인 스티치
(레몬)

프린지 다는 위치

(녹색)

스트레이트 S.
(골드 2가닥)

스트레이트 S.
(녹색)
격자로 수놓는다

아웃트라인 스티치
(녹색)

(오렌지)

스트레이드
러닝 스티치

스트레이트 S.
(베이지)

스트레이트 스티치
(적갈색)

스트레이트 S.
(베이지)

스트레이트 스티치
(레몬)

(녹색)

스트레이트 S.
(오렌지)
격자로 수놓는다

스트레이트 S.
(보라색)
격자로 수놓는다

←단 정리

58

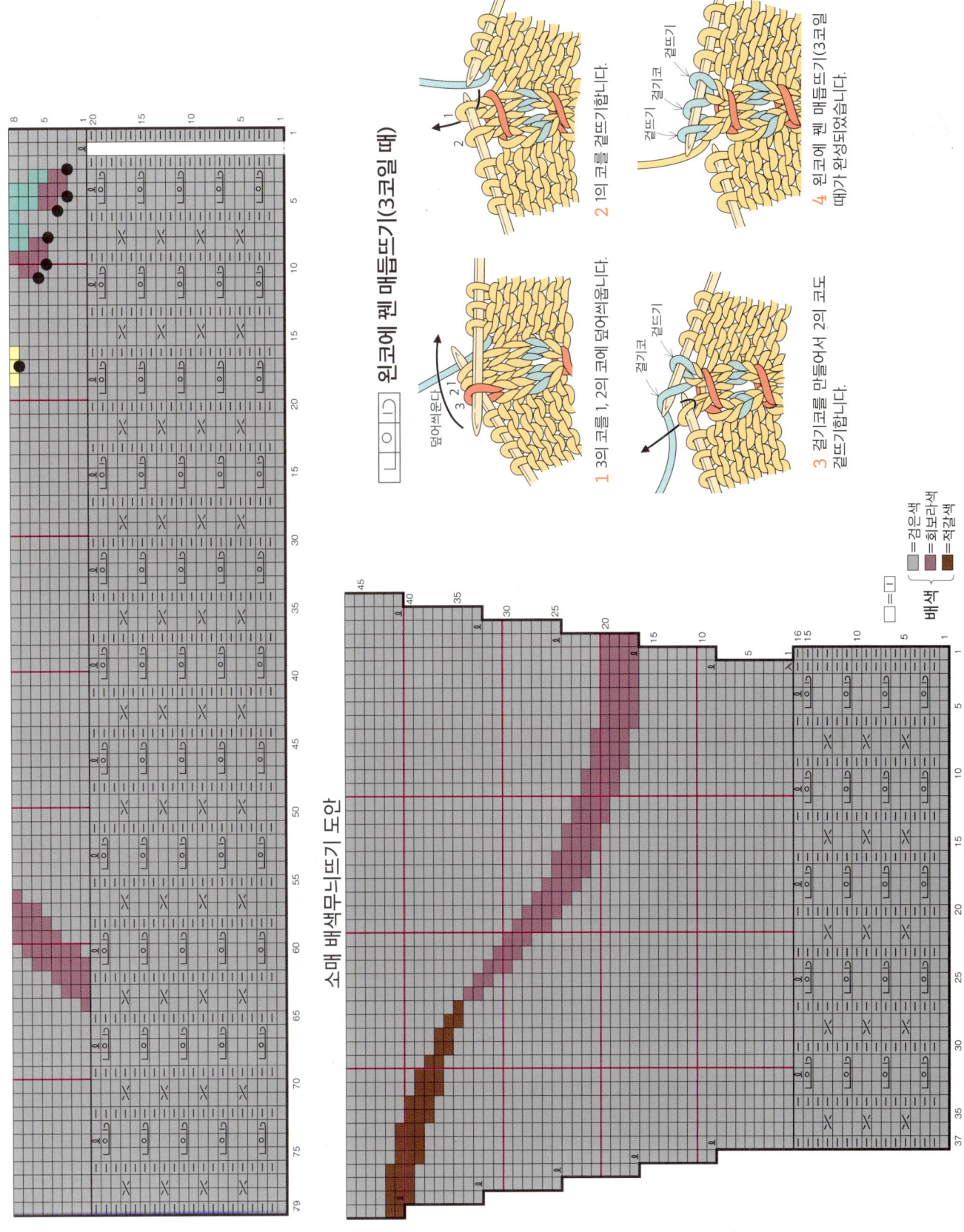

왼코에 꿴 매듭뜨기(3코일 때)

1 3의 코를 1, 2의 코에 넣어씌웁니다.

2 1의 코를 겉뜨기합니다.

3 걸기코를 만들어서 2의 코도 겉뜨기합니다.

4 왼코에 꿴 매듭뜨기(3코일 때)가 완성되었습니다.

소매 배색무늬뜨기 도안

배색
■ = 검은색
■ = 회녹색
■ = 적갈색

□ = ┃

- **재료**: 리치모어 스펙터 모뎀 검은색(46) 85g, 베이지(2)·황토색(12) 각각 10g, 차콜그레이(56) 5g, 청록색(37)·보라색(20) 각 각 소량
- **완성 치수**: 머리둘레 52㎝
- **도구**: 대바늘 8호
- **게이지**: 10㎝×10㎝ 무늬뜨기 23코 27단

**● 뜨는 방법**

일반적인 시작코를 만들어서 원통으로 1코 고무뜨기합니다. 무늬뜨기 부분은 왕복뜨 기합니다. 배색실을 대서 무늬에 따라 세로 배색무늬뜨기와 가로 배색무늬뜨기를 조합 해가며 배색무늬와 교차무늬로 뜹니다. 마 지막 10단은 바탕실을 전부 가로 배색무늬 뜨기로 뜹니다. 옆선은 실을 떠 올려서 꿰매 고 마지막 단에 남은 30코에 실끝을 통과시 켜서 꽉 조입니다. 지름 8㎝ 폼폼을 만들어 서 윗부분에 꿰매어 답니다.

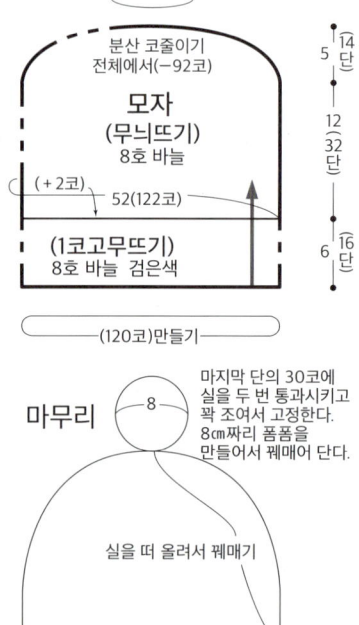

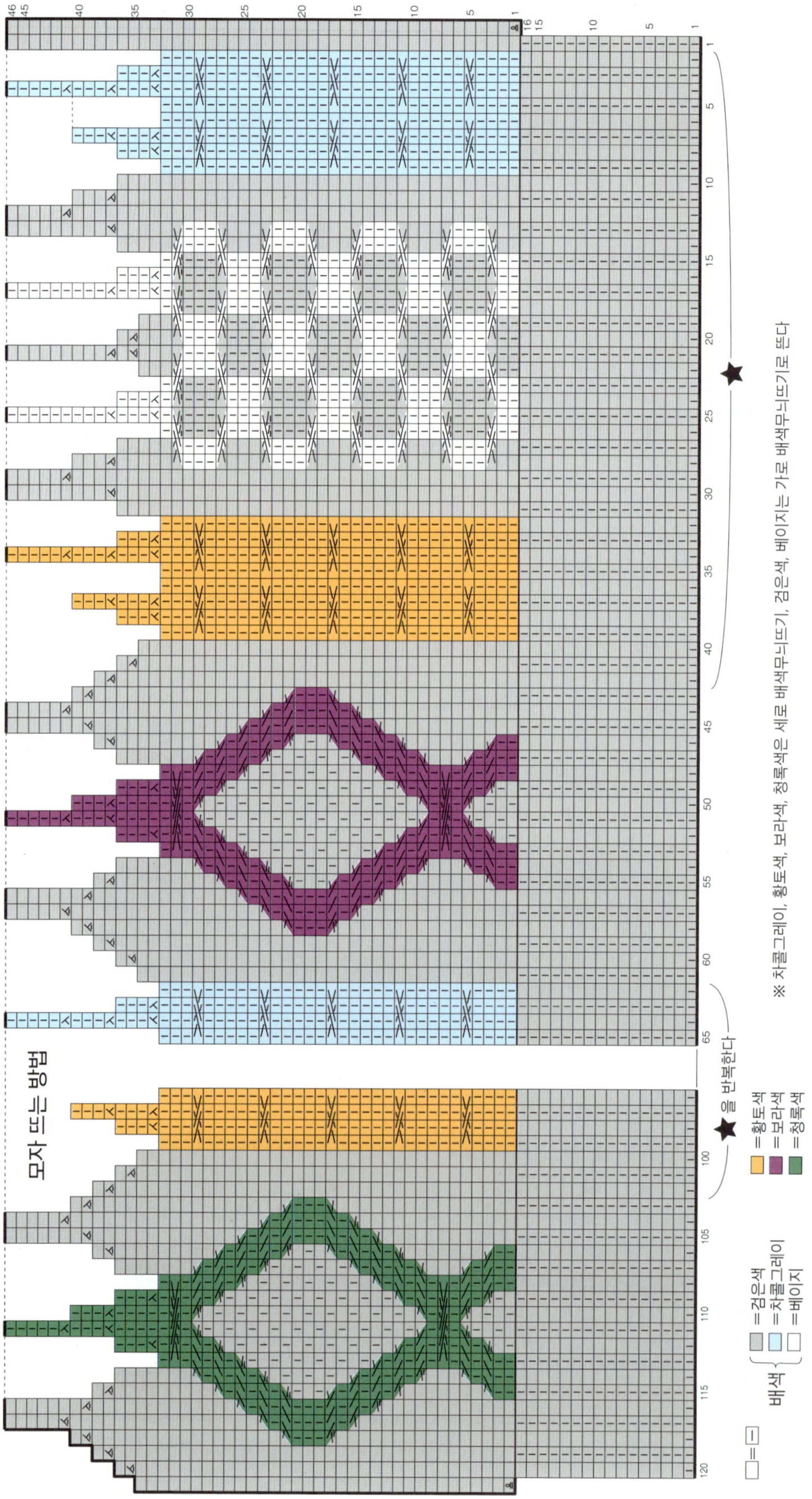

마지막 단의 30코에 실을 두 번 통과시키고 꽉 조여서 고정한다. 8㎝짜리 폼폼을 만들어서 꿰매어 단다.

마무리

실을 떠 올려서 꿰매기

※ 차콜그레이, 황토색, 보라색, 청록색은 세로 배색무늬뜨기, 검은색, 베이지색은 가로 배색무늬뜨기로 뜬다

배색

= 황토색
= 보라색
= 청록색

= 검은색
= 차콜그레이
= 베이지

머리 비우는 쪽

# U  레트로 팝 아란 스웨터

Page36

- **재료**: 리치모어 스펙터 모뎀 크림(3) 365g, 오렌지(27) 60g, 핑크(18)·보라색(20) 각각 45g, 황록색(13)·연청색(14) 각각 35g
- **완성 치수**: 가슴둘레 102㎝, 총길이 55㎝, 어깨너비 51㎝, 소매길이 48㎝
- **도구**: 대바늘 8호, 6호
- **게이지**: 10㎝×10㎝ 무늬뜨기B, C 모두 23.5코 25단

**• 뜨는 방법**

앞판, 뒤판, 소매는 일반적인 시작코를 만들어서 뜨기 시작하며 지정한 위치에서 세로 배색무늬뜨기를 넣은 무늬뜨기A를 뜹니다. 무늬뜨기B에서는 배색실을 다시 대서 무늬에 따라 세로 배색무늬뜨기와 가로 배색무늬뜨기를 조합하여 배색무늬와 교차무늬로 뜹니다. 어깨 경사는 배색하며 단 정리까지 뜨고 배색실의 실끝도 넉넉하게 남겨놓습니다. 어깨는 떠온 실로 빼뜨기해서 잇습니다(47~49쪽 참조). 목둘레는 오른쪽 어깨에서 그림과 같이 무늬를 합쳐가며 코를 주워 배색무늬 2코 고무뜨기합니다. 뜨개 끝부분은 크림색으로 2코고무뜨기하며 덮어씌워 코막음합니다. 소매는 코와 단 잇기로 몸판에 답니다. 옆선, 소매옆선, 목둘레 가장자리는 실을 떠 올려서 꿰매 연결합니다.

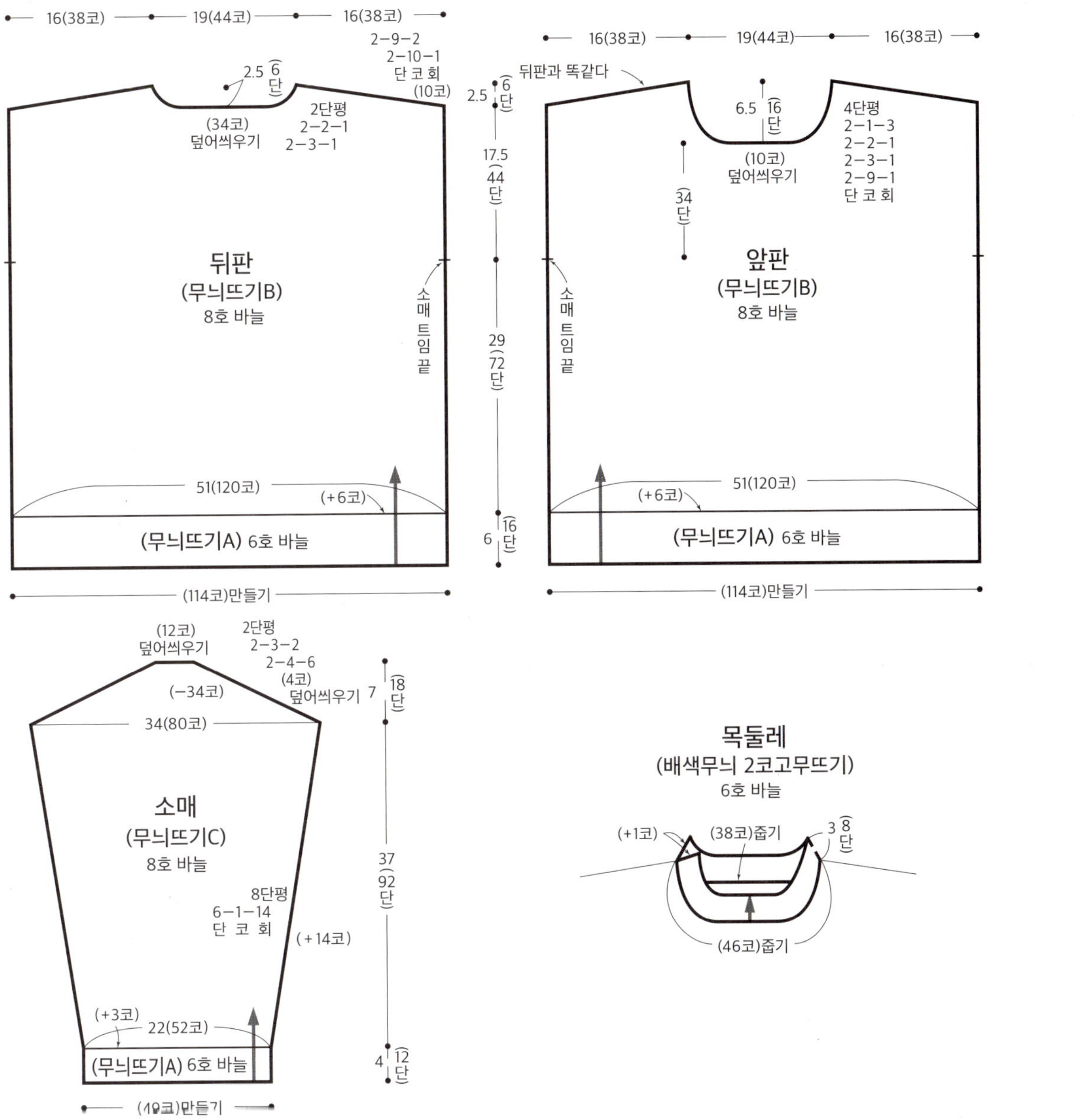

---

## 뒤판 (무늬뜨기B) 8호 바늘

- 16(38코)
- 19(44코)
- 16(38코)
- 2.5 6단
- 2-9-2 2-10-1 단 코 회 (10코)
- (34코) 덮어씌우기
- 2단평 2-2-1 2-3-1
- 소매 트임 끝
- 51(120코)
- (+6코)
- (무늬뜨기A) 6호 바늘
- (114코)만들기

## 앞판 (무늬뜨기B) 8호 바늘

- 16(38코)
- 19(44코)
- 16(38코)
- 2.5 6단
- 뒤판과 똑같다
- 17.5 44단
- 29 72단
- 6 16단
- 6.5 16단
- (10코) 덮어씌우기
- 4단평 2-1-3 2-2-1 2-3-1 2-9-1 단 코 회
- 34단
- 소매 트임 끝
- (+6코)
- 51(120코)
- (무늬뜨기A) 6호 바늘
- (114코)만들기

## 소매 (무늬뜨기C) 8호 바늘

- (12코) 덮어씌우기
- 2단평 2-3-2 2-4-6 (4코) 덮어씌우기
- 7 18단
- (-34코)
- 34(80코)
- 37 92단
- 8단평 6-1-14 단 코 회
- (+14코)
- (+3코)
- 22(52코)
- (무늬뜨기A) 6호 바늘
- 4 12단
- (19코)만들기

## 목둘레 (배색무늬 2코고무뜨기) 6호 바늘

- (+1코)
- (38코)줍기
- 3 8단
- (46코)줍기

다음 페이지에 계속 ▶

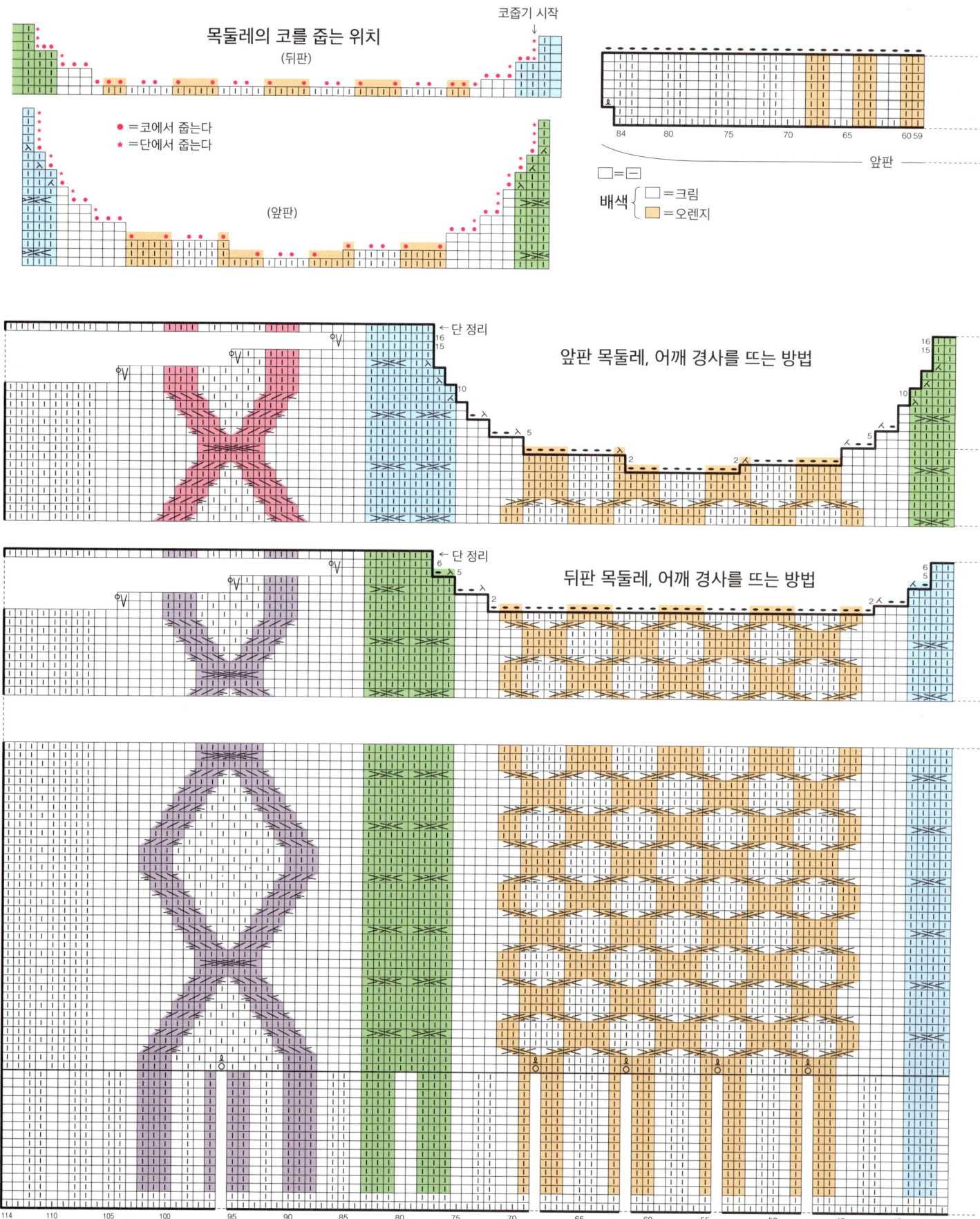

목둘레의 코를 줍는 위치
(뒤판)

● =코에서 줍는다
★ =단에서 줍는다

(앞판)

코줍기 시작

앞판

□=−

배색 { □=크림
□=오렌지

앞판 목둘레, 어깨 경사를 뜨는 방법

← 단 정리

뒤판 목둘레, 어깨 경사를 뜨는 방법

← 단 정리

## 목둘레 뜨는 방법

← 크림색으로 2코고무뜨기하며
덮어씌워 코막기

8

1

58　55　50　45　40　35　30　25　20　15　10　5　1

뒤판

---

### 오른코 위 3코교차뜨기

**1** 오른쪽 3코를 꽈배기바늘에 옮겨 앞쪽에서 쉬게 해두고 4~6의 코를 4부터 순서대로 겉뜨기합니다.

**2** 꽈배기바늘에 옮긴 3코를 1부터 순서대로 겉뜨기합니다.

**3** 오른코 위 3코교차뜨기가 완성되었습니다.

---

### 오른코 위 2코교차뜨기

**1** 오른쪽 2코를 꽈배기바늘에 옮겨 앞쪽에서 쉬게 해둡니다.

**2** 3, 4의 코를 겉뜨기합니다.

**3** 꽈배기바늘에 옮긴 1의 코를 겉뜨기합니다.

**4** 2의 코도 겉뜨기합니다.

**5** 오른코 위 2코교차뜨기가 완성되었습니다.

---

### 왼코 위 2코교차뜨기

**1** 오른쪽 2코를 꽈배기바늘에 옮기고 뒤쪽에서 쉬게 해둡니다.

**2** 3의 코를 겉뜨기합니다.

**3** 4의 코도 겉뜨기합니다.

**4** 꽈배기바늘에 옮긴 1, 2의 코를 겉뜨기합니다.

**5** 왼코 위 2코교차뜨기가 완성되었습니다.

---

44

40

35

30

44

40

35

35

30

25

20

15

16
15

10

5

1

무늬뜨기 B
24단 1무늬

무늬뜨기 A

35　30　25　20　15　10　5　1

※ 앞판은 배색을 좌우대칭으로 배치한다

□ = ⊢

배색
- □ =크림
- =보라색
- =황록색
- =오렌지색
- =연청색
- =핑크

다음 페이지에 계속 ▶　63

무늬뜨기C (오른쪽 소매)

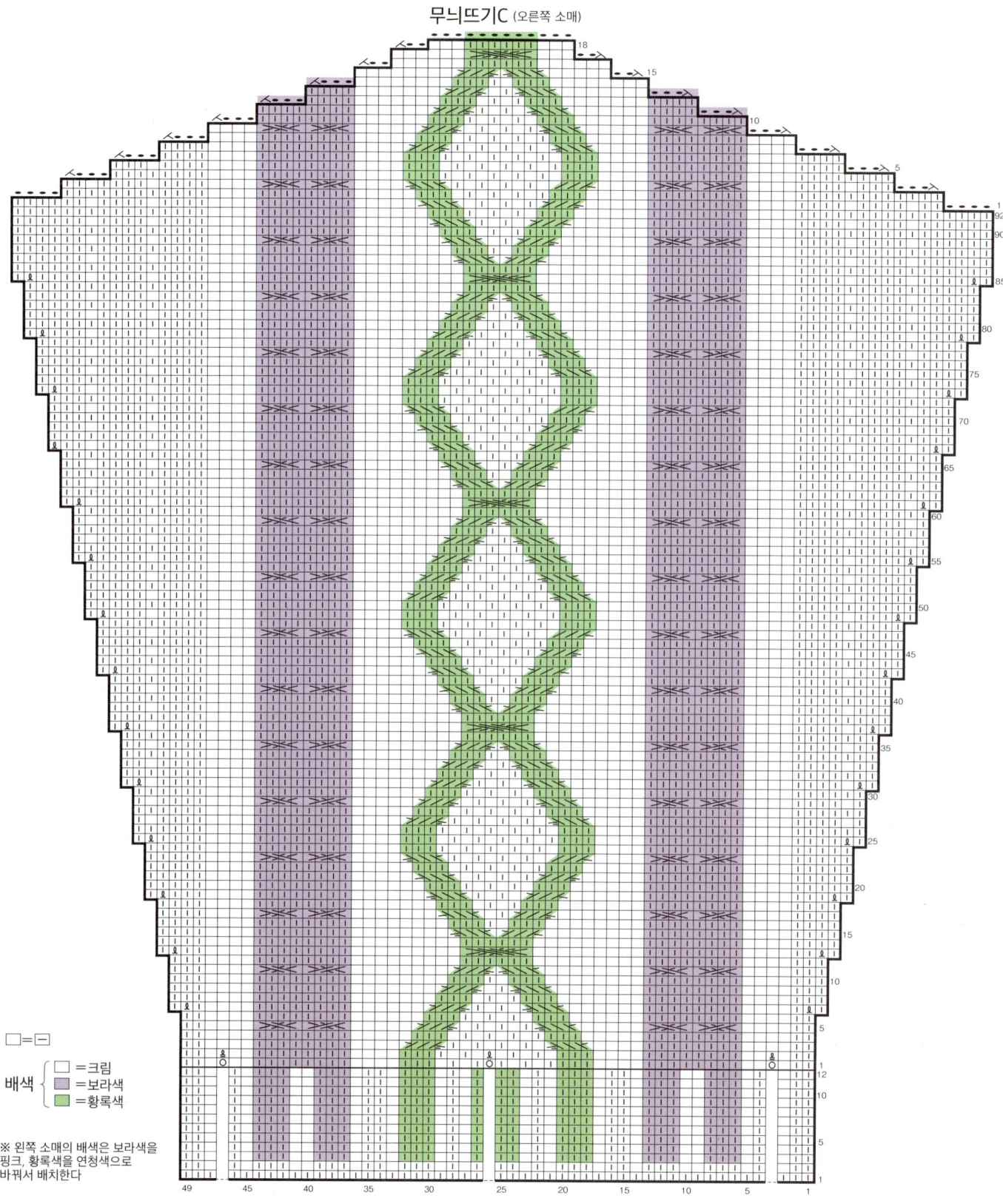

□=□

배색 {
=크림
=보라색
=황록색
}

※ 왼쪽 소매의 배색은 보라색을
핑크, 황록색을 연청색으로
바꿔서 배치한다

64

**E** **원포인트 고슴도치 풀오버** Page12

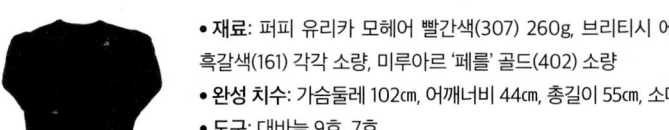

• **뜨는 방법**
앞판, 뒤판, 소매는 일반적인 시작코를 만들어서 뜨기 시작하며 1코고무뜨기합니다. 앞판과 오른쪽 소매의 지정한 위치에 세로 배색무늬뜨기로 원포인트 고슴도치를 뜹니다. 앞판, 오른쪽 소매에 고슴도치 가시를 수놓습니다. 어깨는 빼뜨기로 잇습니다. 옆선, 소매옆선은 실을 떠 올려서 꿰매 연결합니다. 목둘레는 코를 주워서 원통으로 1코고무뜨기합니다. 뜨개 끝부분은 1코고무뜨기를 하며 느슨하게 덮어씌워 코막음합니다. 소매는 빼뜨기로 꿰매 몸판에 답니다.

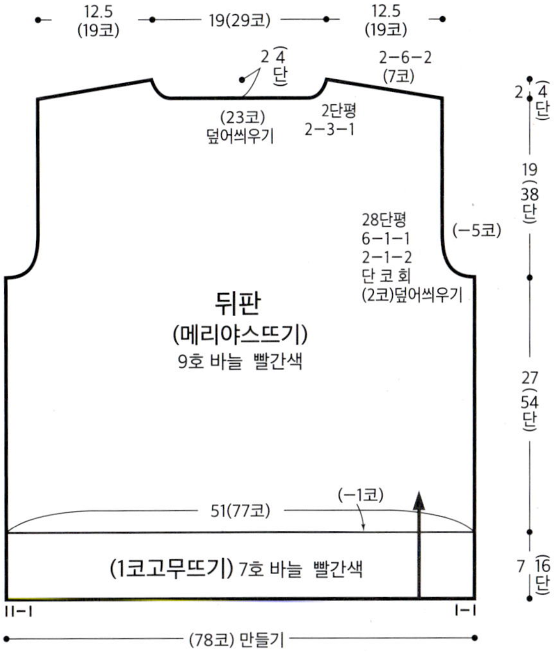

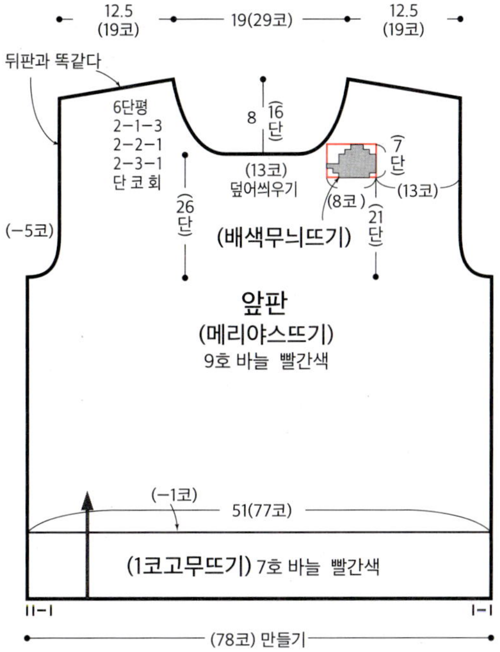

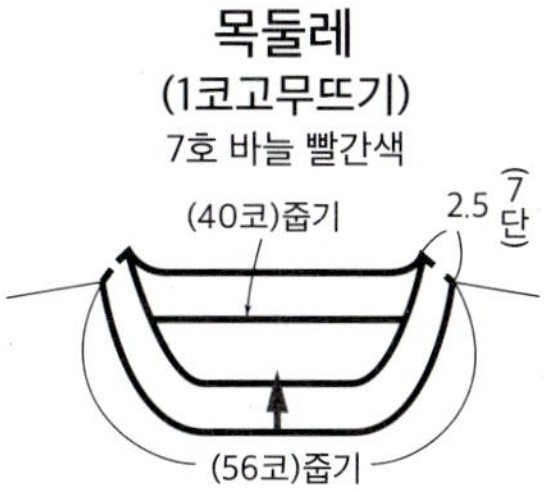

• **재료:** 퍼피 유리카 모헤어 빨간색(307) 260g, 브리티시 에로이카 크림(134)·흑갈색(161) 각각 소량, 미루아르 '페를' 골드(402) 소량
• **완성 치수:** 가슴둘레 102㎝, 어깨너비 44㎝, 총길이 55㎝, 소매길이 54㎝
• **도구:** 대바늘 9호, 7호
• **게이지:** 10㎝×10㎝ 메리야스뜨기 15코 20단

**뒤판**
12.5(19코) — 19(29코) — 12.5(19코)
2-4단
(23코)덮어씌우기
2-6-2(7코)
2단평 2-3-1
19(38단)
28단평 6-1-1 2-1-2 단 코 회 (2코)덮어씌우기
(-5코)
**뒤판 (메리야스뜨기) 9호 바늘 빨간색**
27(54단)
51(77코) (-1코)
7(16단)
**(1코고무뜨기) 7호 바늘 빨간색**
(78코) 만들기

**앞판**
12.5(19코) — 19(29코) — 12.5(19코)
뒤판과 똑같다
2-4단
6단평 2-1-3 2-2-1 2-3-1 단 코 회
8-16단
(13코)덮어씌우기
7단
(8코) (13코)
26단
(-5코)
**(배색무늬뜨기)**
21단
**앞판 (메리야스뜨기) 9호 바늘 빨간색**
51(77코) (-1코)
**(1코고무뜨기) 7호 바늘 빨간색**
(78코) 만들기

**목둘레 (1코고무뜨기) 7호 바늘 빨간색**
(40코)줍기
2.5-7단
(56코)줍기

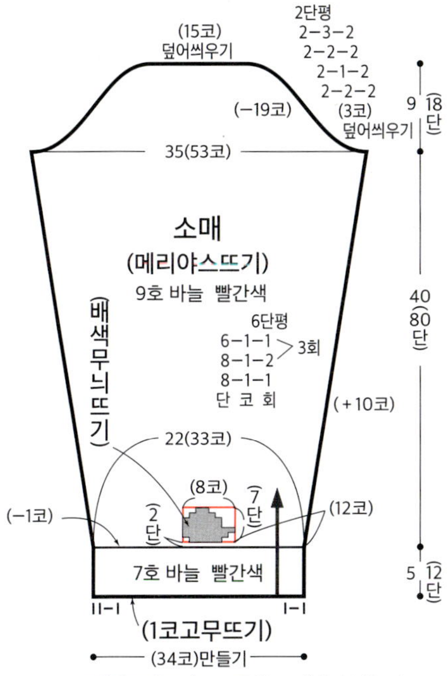

**소매**
(15코)덮어씌우기
2단평 2-3-2 2-2-2 2-1-2 2-2-2 (3코)덮어씌우기
(-19코)
35(53코)
9(18단)
**소매 (메리야스뜨기) 9호 바늘 빨간색**
6단평 6-1-1 8-1-2 3회 8-1-1 단 코 회
40(80단)
(+10코)
(배색무늬뜨기)
22(33코)
(-1코)
(8코)
2단
7단
(12코)
**7호 바늘 빨간색**
5(12단)
**(1코고무뜨기)**
(34코)만들기
※ 배색무늬뜨기는 오른쪽 소매에만 넣는다

**배색무늬뜨기**
(앞판)　(오른쪽 소매)
7 5 1
8 5 1

□ = ꠑ
배색 { = 빨간색　= 크림 }

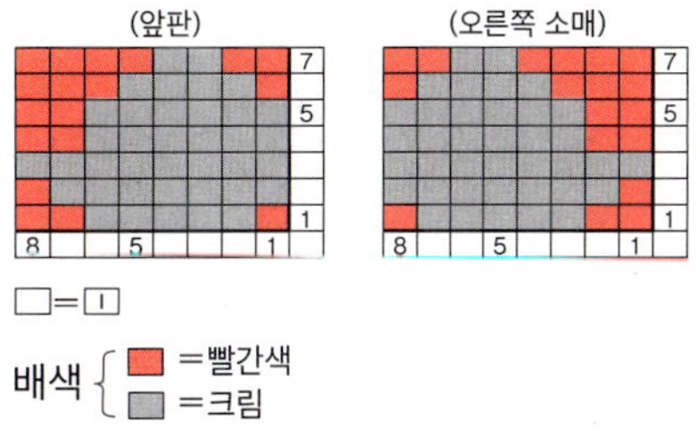

**자수 도안** 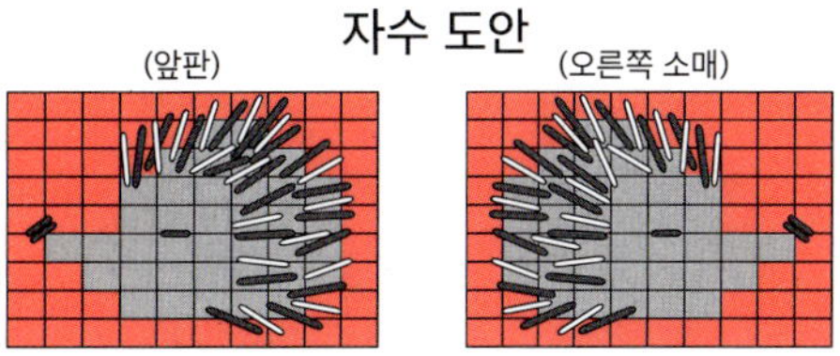
(앞판)　(오른쪽 소매)
배색 { ▬ =흑갈색으로 스트레이트 스티치 (56쪽 참조)　= 골드 2가닥으로 스트레이트 스티치 (56쪽 참조) }

65

# A  아메리칸 쇼트헤어 고양이 풀오버

Page 6

- **재료:** 퍼피 브리티시 에로이카, 펠리지(사용량은 표 참조), 지름 6㎜ 육각형 스팽글 그레이 61개
- **완성 치수:** 가슴둘레 110㎝, 총길이 62.5㎝, 소매길이 78.5㎝(래글런소매)
- **도구:** 대바늘 9호, 7호
- **게이지:** 10㎝×10㎝ 메리야스뜨기, 배색무늬뜨기 16코 22단

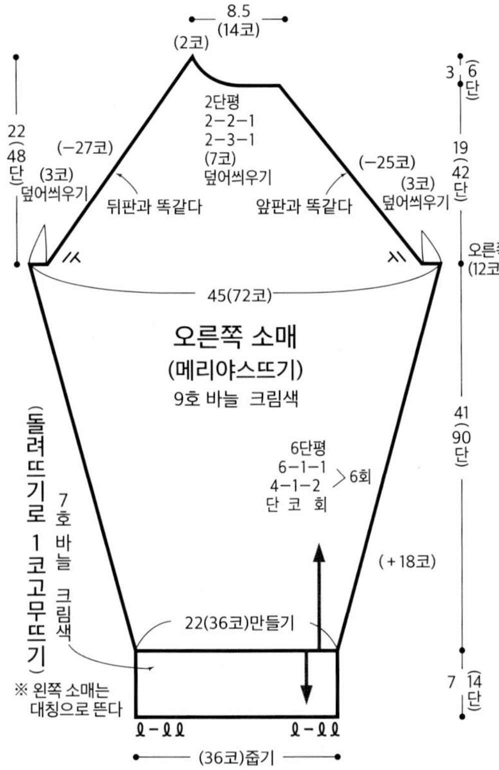

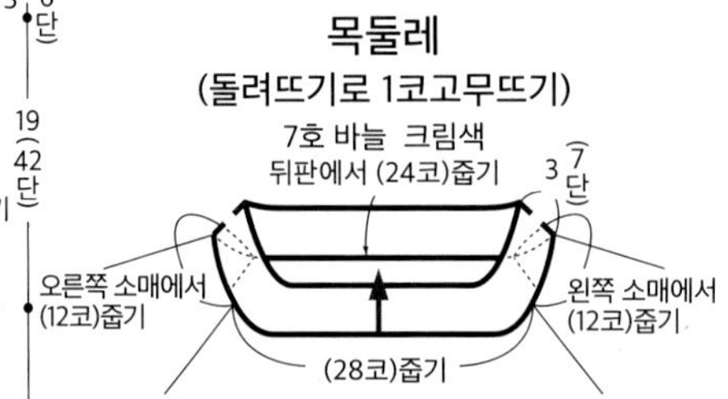

## ● 뜨는 방법

앞판과 뒤판은 풀어내는 시작코를 만들어서 뜨기 시작하며 지정한 위치에서 세로 배색무늬뜨기로 뜹니다. 펠리지 털실은 다른 실보다 조금 더 두꺼우니 약간 빡빡하게 뜨세요. 털실 자수, 스팽글 순서로 수를 놓습니다. 밑단은 시작코를 풀어내서 코를 줍고 무늬뜨기합니다. 뜨개 끝부분은 돌려뜨기(꼬아뜨기)로 1코고무뜨기하며 덮어씌워 코막음합니다. 소매는 풀어내는 시작코를 만들어서 뜨기 시작하며 메리야스뜨기로 뜹니다. 소맷단은 시작코를 풀어내서 코를 줍고 돌려뜨기로 1코고무뜨기합니다. 뜨개 끝부분은 돌려뜨기로 1코고무뜨기하며 덮어씌워 코막음합니다. 래글런선, 옆선, 소매옆선은 실을 떠 올려서 꿰매고 겨드랑이 부분은 메리야스 잇기로 연결합니다. 목둘레는 코를 주워서 돌려뜨기로 1코고무뜨기를 원통으로 뜨고, 뜨개 끝부분은 돌려뜨기로 1코고무뜨기하며 덮어씌워 코막음합니다.

## 오른쪽 소매 (메리야스뜨기) 9호 바늘 크림색

8.5 (14코)
(2코)
22/48단 (−27코) (3코) 덮어씌우기
2단평 2-2-1 2-3-1 (7코) 덮어씌우기
뒤판과 똑같다
앞판과 똑같다
(−25코) (3코) 덮어씌우기
45(72코)
6단평 6-1-1 4-1-2 단 코 회 >6회
(+18코)
22(36코)만들기
돌려뜨기로 1코고무뜨기 7호 바늘 크림색
※왼쪽 소매는 대칭으로 뜬다
(36코)줍기
17(28코)
3/6단
19/42단
41/90단
7/14단
오른쪽 소매에서 (12코)줍기
왼쪽 소매에서 (12코)줍기

## 목둘레 (돌려뜨기로 1코고무뜨기)

7호 바늘 크림색 뒤판에서 (24코)줍기
3/7단
(28코)줍기

## 무늬뜨기

무늬뜨기하며 덮어씌워 코막기
18
15
10
5
1
20  15  10  5  1
10코 1무늬
□=−
= 돌려뜨기로 코늘리기

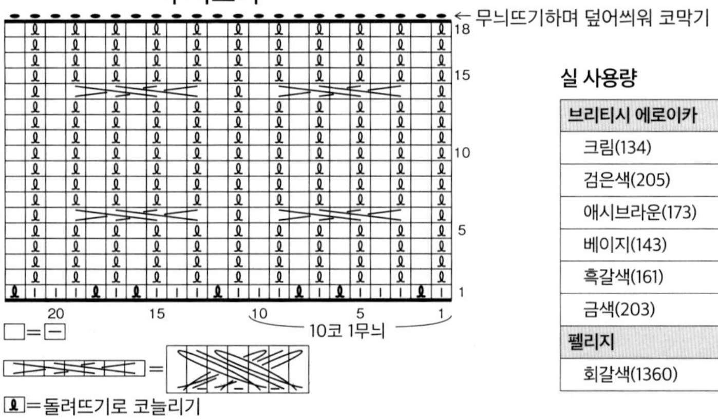

## 실 사용량

| 브리티시 에로이카 | |
|---|---|
| 크림(134) | 505g |
| 검은색(205) | 35g |
| 애시브라운(173) | 20g |
| 베이지(143) | 15g |
| 흑갈색(161) | 소량 |
| 금색(203) | 소량 |
| 펠리지 | |
| 회갈색(1360) | 15g |

## 돌려뜨기로 1코고무뜨기

2 1
□=−

## 뒤판

(3코) 덮어씌우기
덮어씌우기
(−27코)
2단평 2-1-2 1-1-1 2-1-1 2-1-2 단 코 회 >8회
(3코) 덮어씌우기
85단
22/48단
19/42단
(−25코) (3코) 덮어씌우기
(배색무늬뜨기) 9호 바늘
(메리야스뜨기) 9호 바늘 크림색
33/72단
55(88코)만들기
(39코)
(49코)
(+37코)
(무늬뜨기) 7호 바늘 크림색
7.5/18단
(125코)줍기
이어서 뜬다

## 앞판

20(32코)
(2코)
2/4단
(2코)
(20코) 덮어씌우기
2단평 2-4-1
38단
(3코) 덮어씌우기
2단평 2-1-3 1-1-1 2-1-1 2-1-2 단 코 회 >10회
(메리야스뜨기) 9호 바늘 크림색
(71단)
(배색무늬뜨기) 9호 바늘
(3코) 덮어씌우기
55(88코)만들기
(41코)
(47코)
(+37코)
(무늬뜨기) 7호 바늘 크림색
(125코)줍기

66

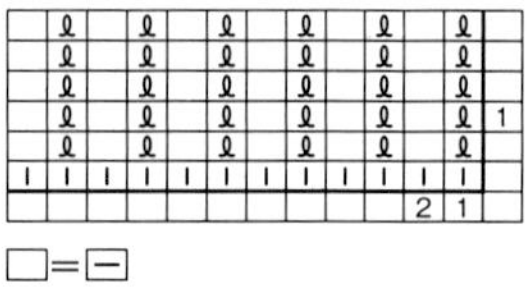

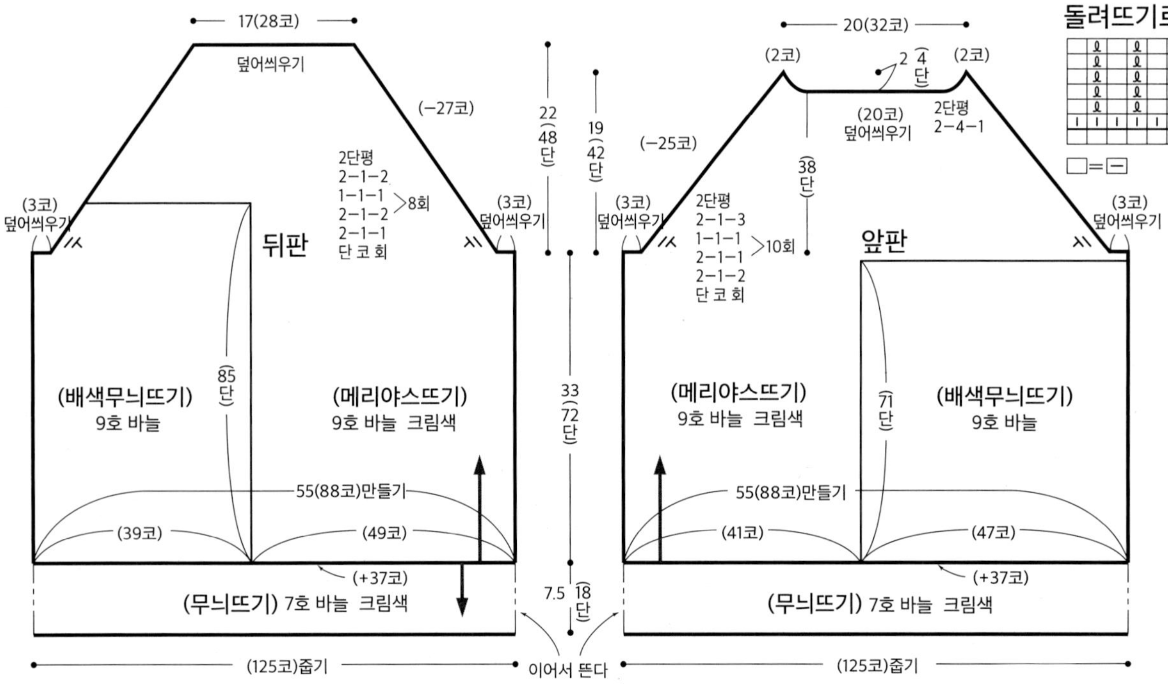

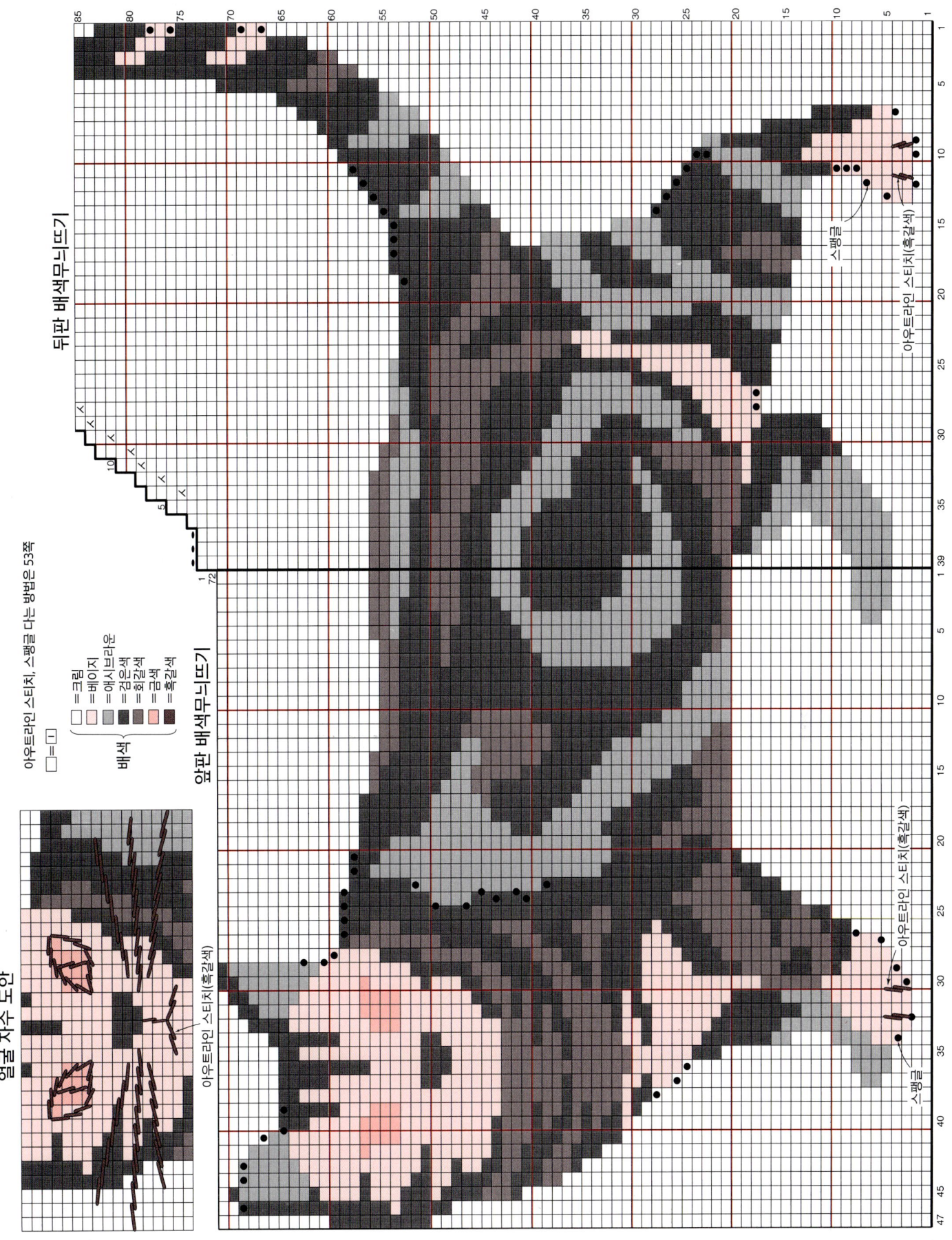

뒤판 배색무늬뜨기

앞판 배색무늬뜨기

얼굴 자수 도안

- **재료**: 다루마 울 모헤어 베이비핑크(9) 160g, 크림(1) 40g, 베이지(2) 15g, 루프 베이지(7) 30g, 스프라우트 라이트그레이×그린(2) 20g, 수방적풍 탬사 미모사(15) 20g, 블루그레이(16) 10g
- **완성 치수**: 가슴둘레 98㎝, 총길이 59㎝, 어깨너비 76㎝(요크의 뒤판 기준), 소매길이 36.5㎝
- **도구**: 대바늘 9호, 7호
- **게이지**: 10㎝×10㎝ 메리야스뜨기 15.5코 23단, 배색무늬뜨기 15.5코 17.5단

### • 뜨는 방법

앞판과 뒤판은 일반적인 시작코를 만들어서 원통으로 뜹니다. 뒤판의 뜨개 끝부분은 앞뒤 단차 부분 ☆은 왕복뜨기합니다. 소매는 일반적인 시작코를 만들어서 원통으로 뜹니다. 요크는 몸판, 소매에서 코를 주워서 원통으로 가로 배색무늬뜨기합니다. 목둘레는 베이비핑크색으로 1코고무뜨기합니다. 뜨개 끝부분은 1코고무뜨기하며 덮어씌워 코막음합니다. 맞춤점 ●, ○는 메리야스 잇기 위치, ☆은 코와 단 잇기로 맞춥니다. 요크의 지정한 위치에 프린지를 답니다.

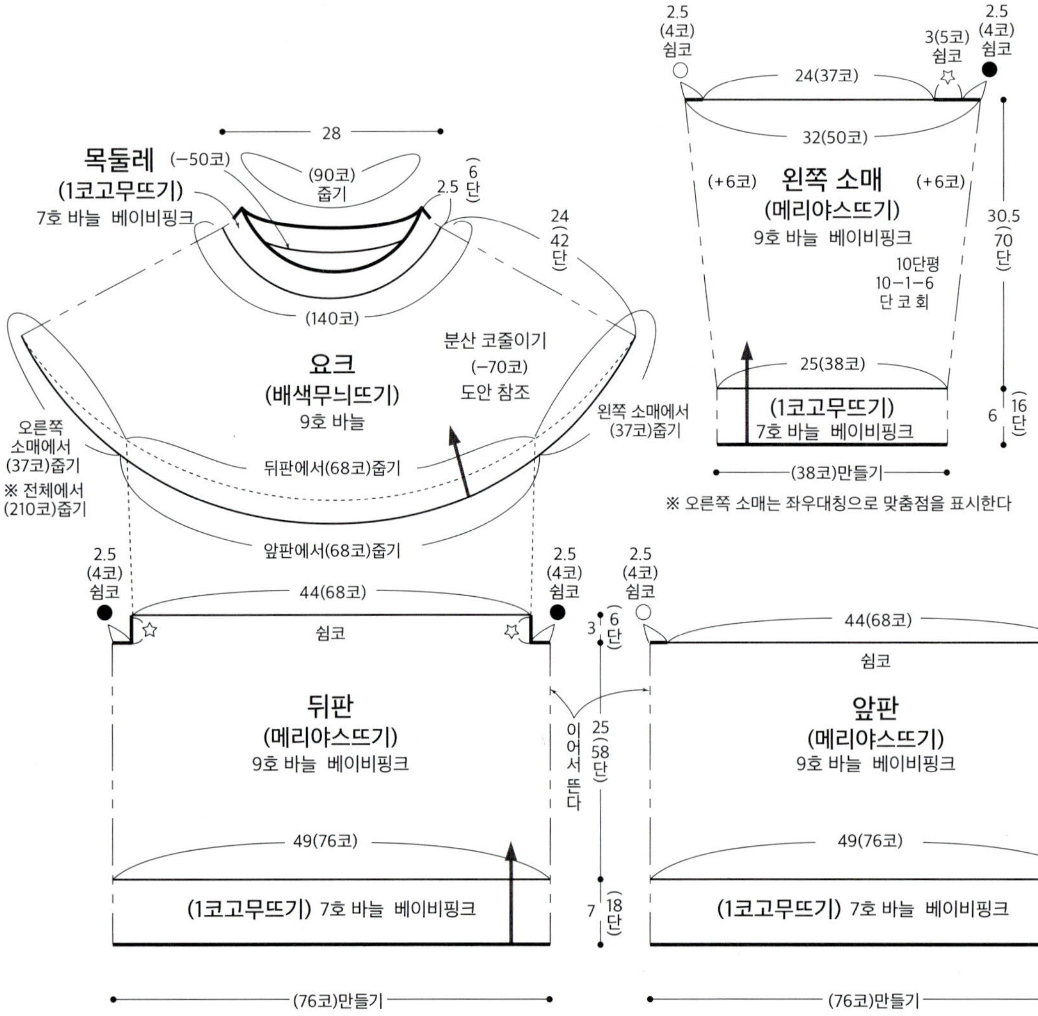

### 소매옆선의 코늘리기

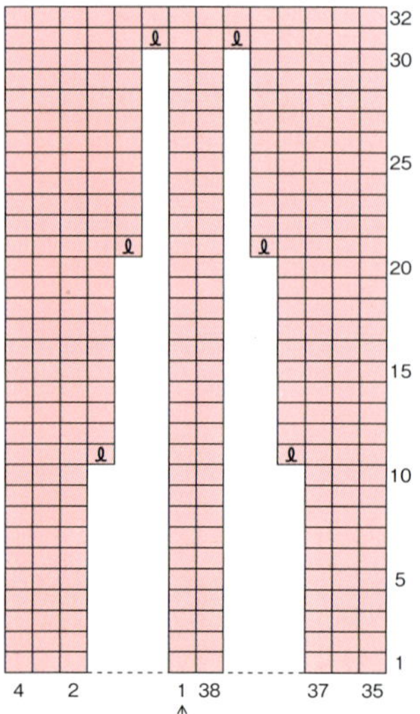

**왼쪽 소매**
(메리야스뜨기)
9호 바늘 베이비핑크
10단평
10-1-6
단 코 회

2.5(4코)쉼코  3(5코)쉼코  2.5(4코)쉼코
24(37코)
32(50코)
(+6코)  (+6코)
30.5(70단)
25(38코)
(1코고무뜨기)
7호 바늘 베이비핑크
6(16단)
(38코)만들기
※ 오른쪽 소매는 좌우대칭으로 맞춤점을 표시한다

**목둘레** (−50코)
(1코고무뜨기)
7호 바늘 베이비핑크
28
(90코)줍기
2.5(6단)
24(42단)
(140코)

**요크** (배색무늬뜨기) 9호 바늘
분산 코줄이기 (−70코) 도안 참조
뒤판에서(68코)줍기
앞판에서(68코)줍기
왼쪽 소매에서(37코)줍기

오른쪽 소매에서(37코)줍기
※ 전체에서(210코)줍기

**뒤판** (메리야스뜨기) 9호 바늘 베이비핑크
2.5(4코)쉼코  44(68코)  2.5(4코)쉼코
쉼코
3(6단)
25(58단)
이어서 뜨다
49(76코)
(1코고무뜨기) 7호 바늘 베이비핑크
7(18단)
(76코)만들기

**앞판** (메리야스뜨기) 9호 바늘 베이비핑크
2.5(4코)쉼코  44(68코)  2.5(4코)쉼코
쉼코
49(76코)
(1코고무뜨기) 7호 바늘 베이비핑크
(76코)만들기

뜨개 시작
□ = |
⚲ = 돌려뜨기로 코늘리기
(분홍) = 베이비핑크

32 30 25 20 15 10 5 1
4 2 1 38 37 35

## 배색무늬뜨기와 분산 코줄이기

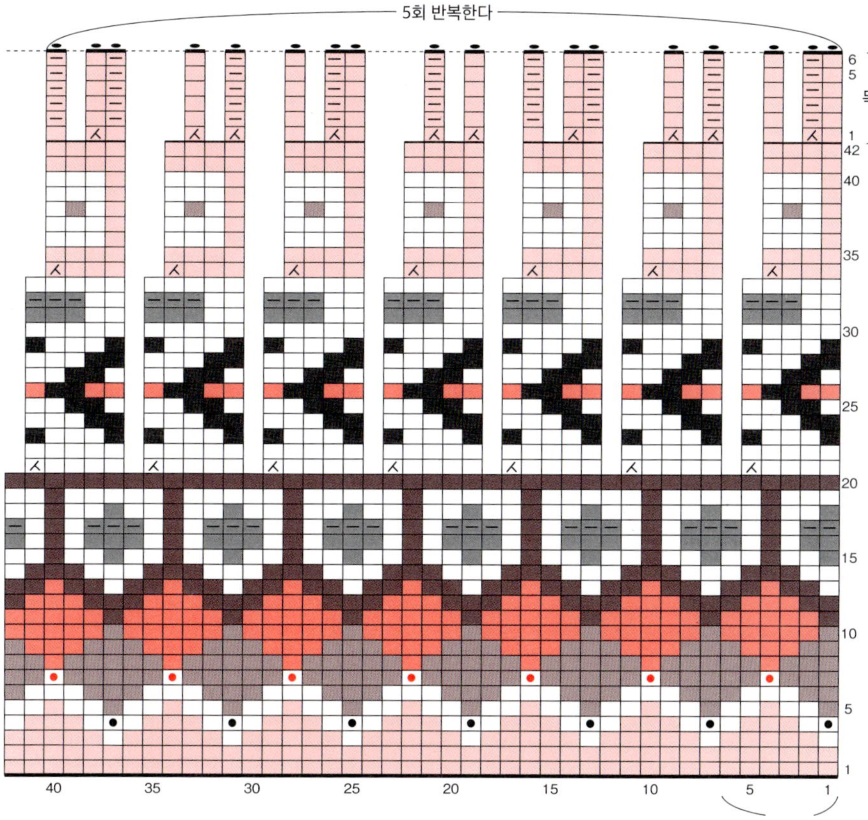

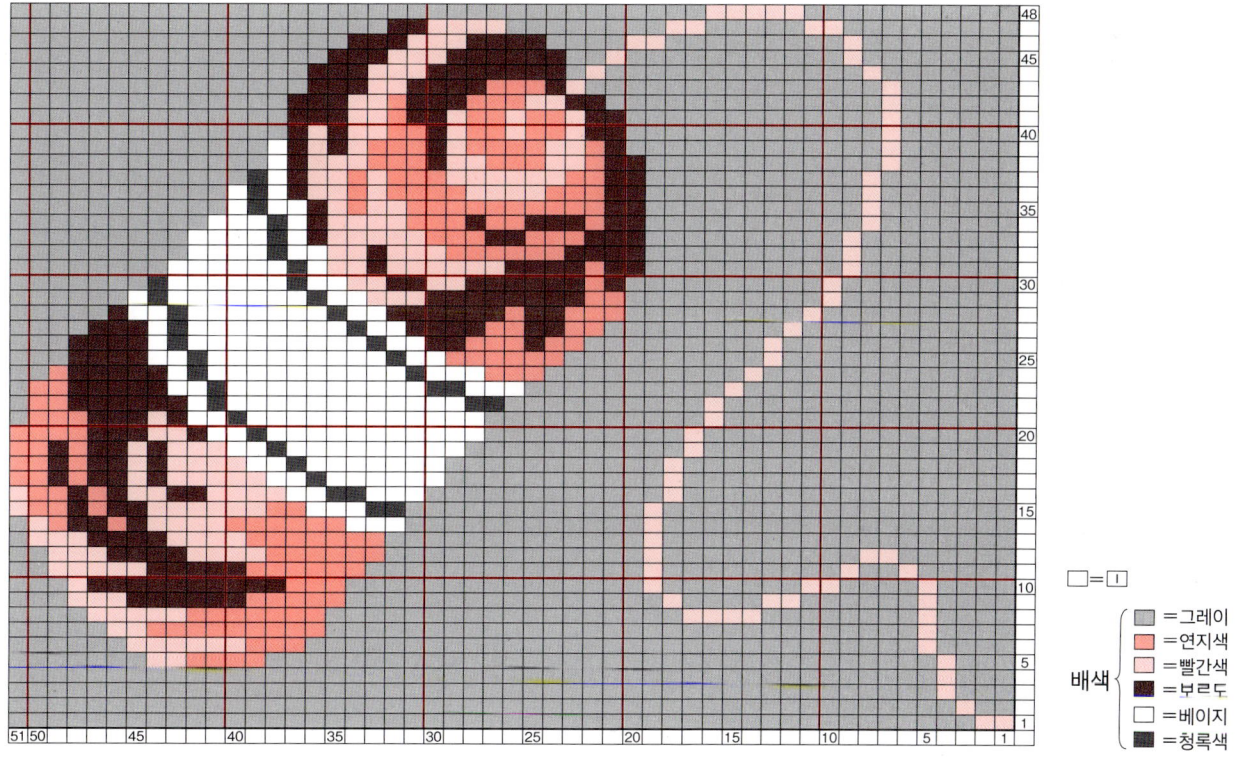

5회 반복한다

목둘레

6코 1무늬
35회 반복한다

□ = Ι

배색 {
=베이비핑크
=크림
=라이트그레이×그린
=미모사
=베이지
=루프 베이지
=블루그레이
}

**프린지 다는 위치**

● =크림, 베이지, 미모사 각각 3가닥
● =루프 베이지 2가닥

※ 프린지용 실은 전부 24㎝로 자른다
　(프린지 다는 방법은 56쪽 참조)

## 배색무늬뜨기

□ = Ι

배색 {
=그레이
=연지색
=빨간색
=부르도
=베이지
=청록색
}

70쪽에서 이어집니다 ◀

• **재료**: 리치모어 퍼센트 그레이(122) 340g, 빨간색(73)·연지색(75)·보르도(64)·
베이지(123)· 청록색(34) 각각 소량
• **완성 치수**: 가슴둘레 100㎝, 어깨너비 41㎝, 총길이 55㎝, 소매길이 50㎝
• **도구**: 대바늘 5호, 3호
• **게이지**: 10㎝×10㎝ 메리야스뜨기 22코 32.5단

• **뜨는 방법**
몸판과 소매는 일반적인 시작코를 만들어서 뜨기 시
작하며 무늬뜨기, 메리야스뜨기로 뜹니다. 앞판은 지
정한 위치에 세로 배색무늬뜨기를 합니다. 어깨는 빼
뜨기로 잇고 옆선과 소매옆선은 실을 떠 올려서 꿰매
연결합니다. 목둘레는 코를 주워서 원통으로 무늬뜨
기합니다. 뜨개 끝부분은 무늬뜨기하며 덮어씌워 코
막음합니다. 소매는 빼뜨기로 꿰매 몸판에 답니다.

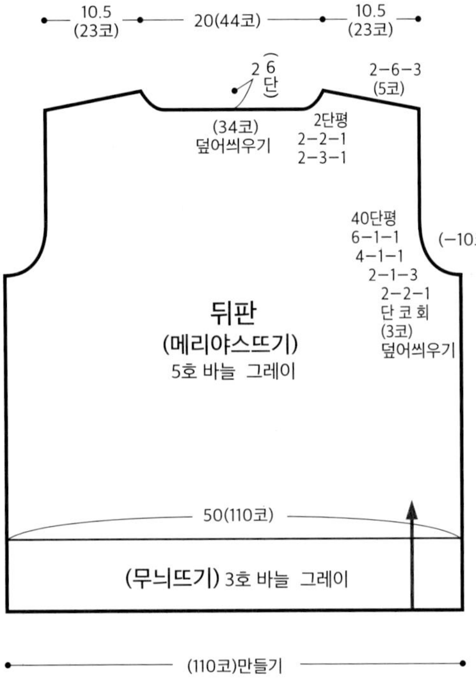

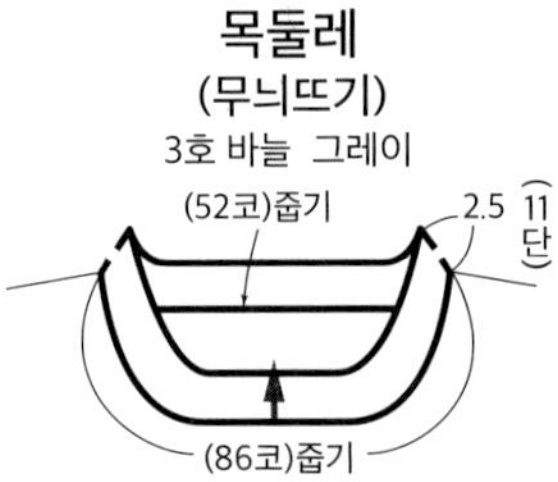

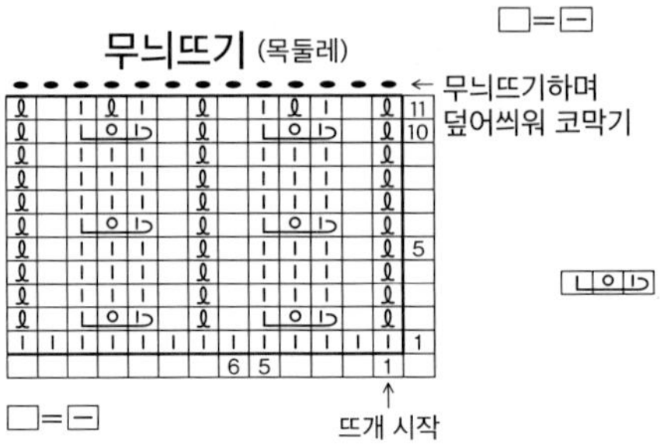

**뒤판**
(메리야스뜨기)
5호 바늘 그레이

10.5 (23코)  20(44코)  10.5 (23코)
2 6 단
2-6-3 (5코)
(34코) 덮어씌우기
2단평
2-2-1
2-3-1
40단평
6-1-1
4-1-1
2-1-3
2-2-1
단 코 회
(3코)
덮어씌우기
(−10코)
50(110코)
(무늬뜨기) 3호 바늘 그레이
(110코)만들기

**앞판**
(배색무늬뜨기)
5호 바늘
(메리야스뜨기)
5호 바늘 그레이

10.5 (23코)  20(44코)  10.5 (23코)
뒤판과 똑같다
2 6 단
2 6 단
8.5 (28단)
(18코) 덮어씌우기
10단평
4-1-1
2-1-5
2-3-1
2-4-1
단 코 회
(27단)
(48단)
(34코) (51코) (25코)
(53단)
50(110코)
(무늬뜨기) 3호 바늘 그레이
(110코)만들기

17.5 58 단
(−10코)
28 92 단
7.5 32 단

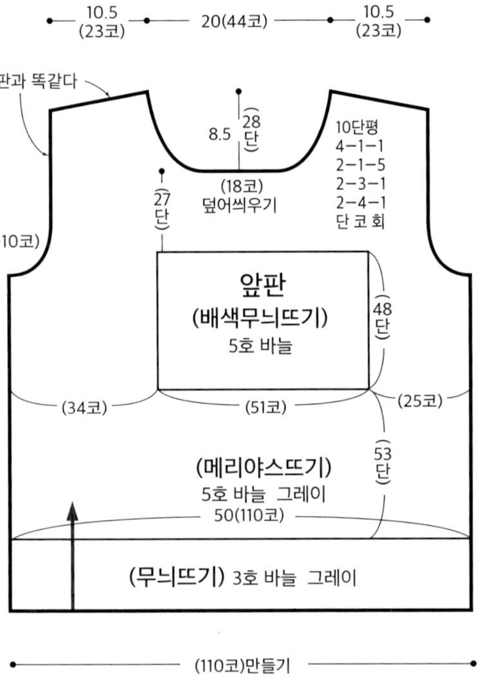

**소매**
(메리야스뜨기)
5호 바늘 그레이

2단평
2-4-1
2-3-1
2-2-2
2-1-1
2-1-6
2-2-1
2-3-1
(17코) 덮어씌우기
(−29코)
34(75코)
(4코) 덮어씌우기
10단평
10-1-2
8-1-1
10-1-2
단 코 회
>3회
(+11코)
(−3코)
24(53코)
(무늬뜨기)
3호 바늘 그레이
(56코)만들기
9 (30단)
35 114 단
6 (24단)

**목둘레**
(무늬뜨기)
3호 바늘 그레이
(52코)줍기
2.5 (11단)
(86코)줍기

**무늬뜨기** (밑단, 소맷단)
밑단 32단
소맷단 24단
4
3
2
1
6 5  1
□ = □
뜨개 시작

**무늬뜨기** (목둘레)
무늬뜨기하며
덮어씌워 코막기
11
10
5
1
6 5  1
□ = □
뜨개 시작

│ㄴ│ㅇ│ㄷ│ 왼코에 꿴 매듭뜨기
방법은 59쪽 참조

◀ 배색무늬뜨기는 69쪽

• **재료**: 하마나카 엑시드울L '병태사' 남색(325) 410g, 라이트그레이(355) 10g, 크림(302)·갈색(333)·베이지(304)·모카브라운(331)·녹색(345)·빨간색(335)·흑갈색(352) 각각 소량, 메리노울 퍼 흰색(1)·카멜(2) 각각 10g
• **완성 치수**: 가슴둘레 100㎝, 어깨너비 42㎝, 총길이 55.5㎝, 소매길이 51㎝
• **도구**: 대바늘 7호, 5호
• **게이지**: 10㎝×10㎝ 메리야스뜨기 17.5코 28단

• **뜨는 방법**
몸판과 소매는 일반적인 시작코를 만들어서 뜨기 시작합니다. 앞판의 지정한 위치에 세로 배색무늬뜨기를 넣습니다. 앞판에 수를 놓습니다. 어깨는 빼뜨기로 잇고 옆선과 소매옆선은 실을 떠 올려서 꿰매 연결합니다. 목둘레는 코를 주워서 원통으로 무늬뜨기합니다. 뜨개 끝부분은 무늬뜨기하며 덮어씌워 코막음합니다. 소매는 빼뜨기로 꿰매 몸판에 답니다.

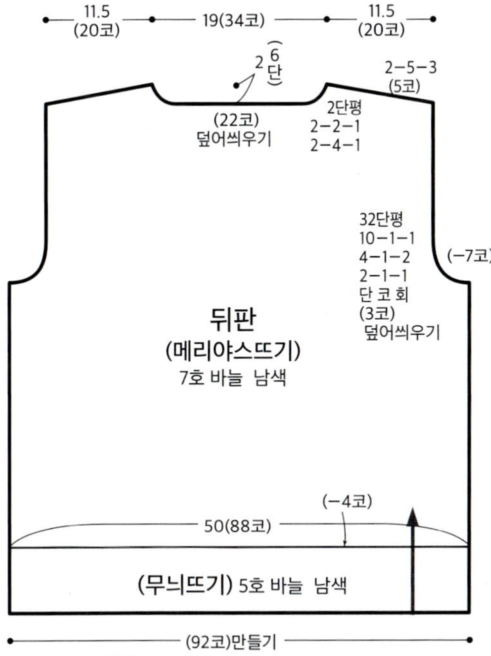

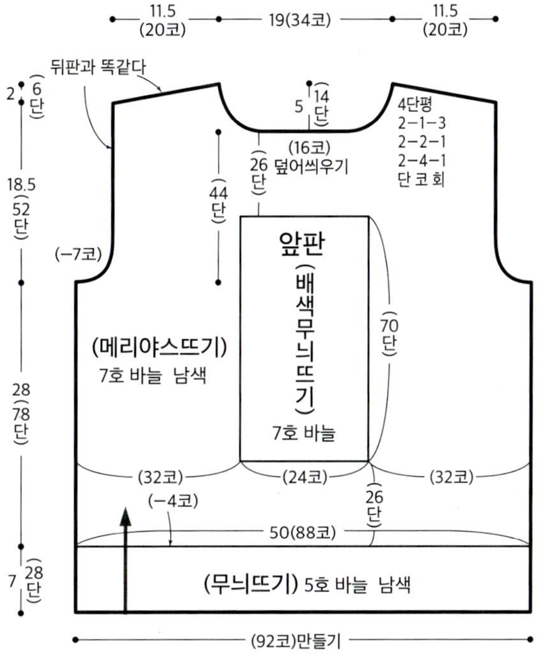

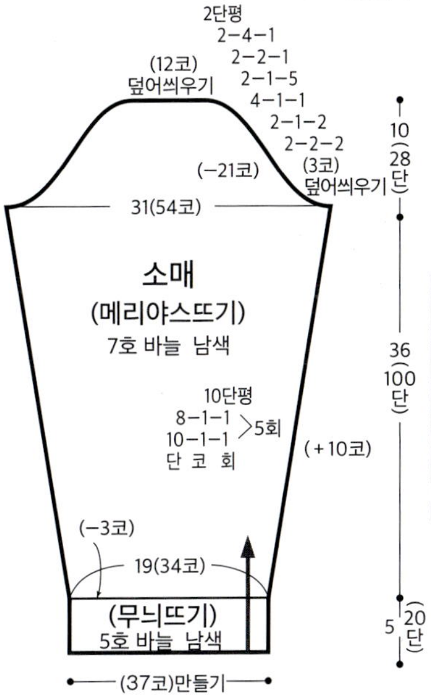

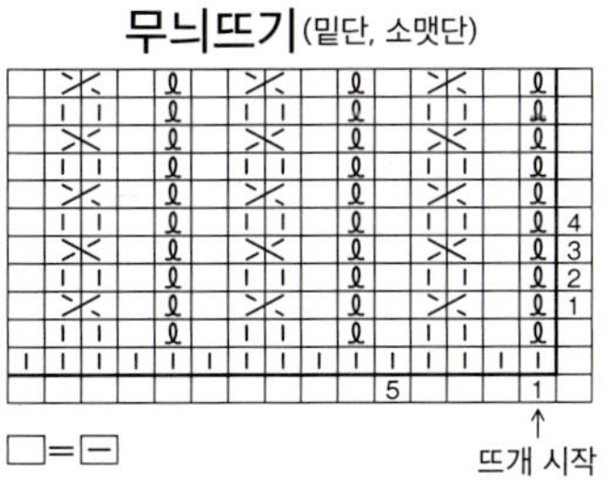

### 뒤판

11.5 (20코)　19(34코)　11.5 (20코)

2 〔6단〕　2-5-3 (5코)

(22코) 덮어씌우기　2단평 2-2-1 2-4-1

32단평 10-1-1 4-1-2 2-1-1 단 코 회 (3코) 덮어씌우기 (-7코)

**뒤판** (메리야스뜨기) 7호 바늘 남색

18.5 52 단

28 78 단

50(88코)　(-4코)

(무늬뜨기) 5호 바늘 남색

(92코)만들기

### 앞판

11.5 (20코)　19(34코)　11.5 (20코)

2 〔6단〕　뒤판과 똑같다

5 〔14단〕

26단 덮어씌우기 (16코)

4단평 2-1-3 2-2-1 2-4-1 단 코 회

(메리야스뜨기) 7호 바늘 남색

44 단

**앞판** (배색무늬뜨기) 7호 바늘

70 단

(-7코)

(32코)　(24코)　(32코)

(-4코)　50(88코)　26단

(무늬뜨기) 5호 바늘 남색

(92코)만들기

7 〔28단〕

### 소매

2단평 2-4-1 2-2-1 2-1-5 4-1-1 2-1-2 2-2-2 (3코) 덮어씌우기

(12코) 덮어씌우기

(-21코)

31(54코)

**소매** (메리야스뜨기) 7호 바늘 남색

10단평 8-1-1 10-1-1 단 코 회 〔5회〕 (+10코)

(-3코)

19(34코)

(무늬뜨기) 5호 바늘 남색

(37코)만들기

10 28 단

36 100 단

5 〔20단〕

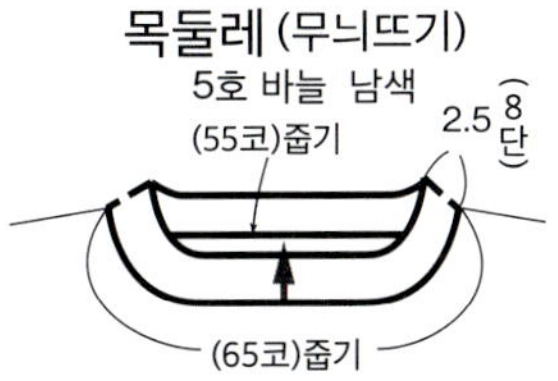

### 목둘레 (무늬뜨기)
5호 바늘 남색

(55코)줍기

2.5 〔8단〕

(65코)줍기

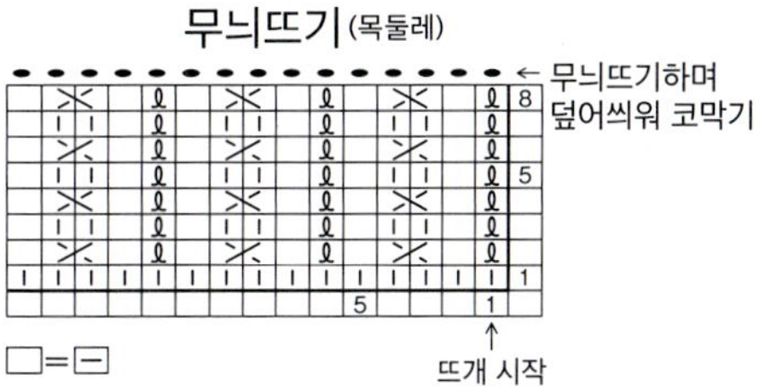

### 무늬뜨기 (밑단, 소맷단)

□ = ⊟

5　　1

뜨개 시작

### 무늬뜨기 (목둘레)

무늬뜨기하며 덮어씌워 코막기

□ = ⊟

5　　1

뜨개 시작

### 돌려뜨기 (꼬아뜨기)

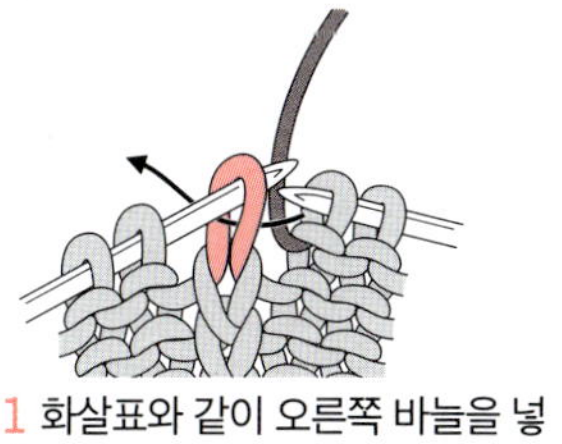

1 화살표와 같이 오른쪽 바늘을 넣습니다.

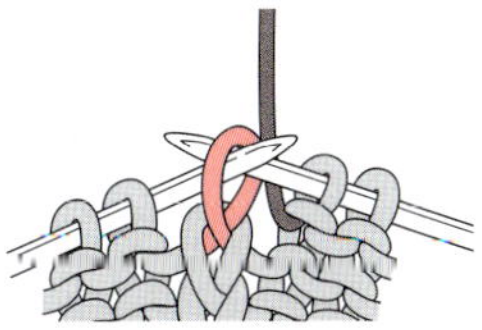

2 바늘을 넣은 모습입니다.

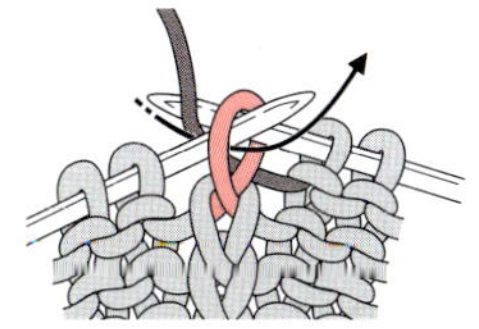

3 실을 걸어서 앞쪽으로 빼냅니다.

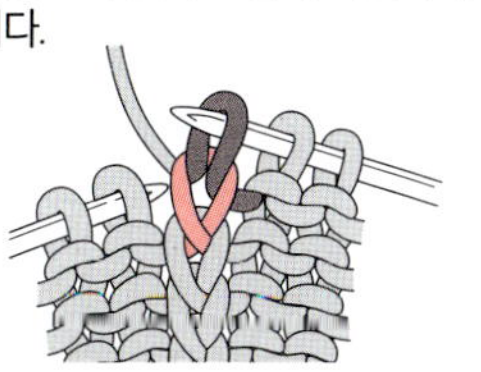

4 돌려뜨기가 완성되었습니다.

다음 페이지에 계속 ▶

▶ 앞 페이지에서 이어집니다

## 배색무늬뜨기

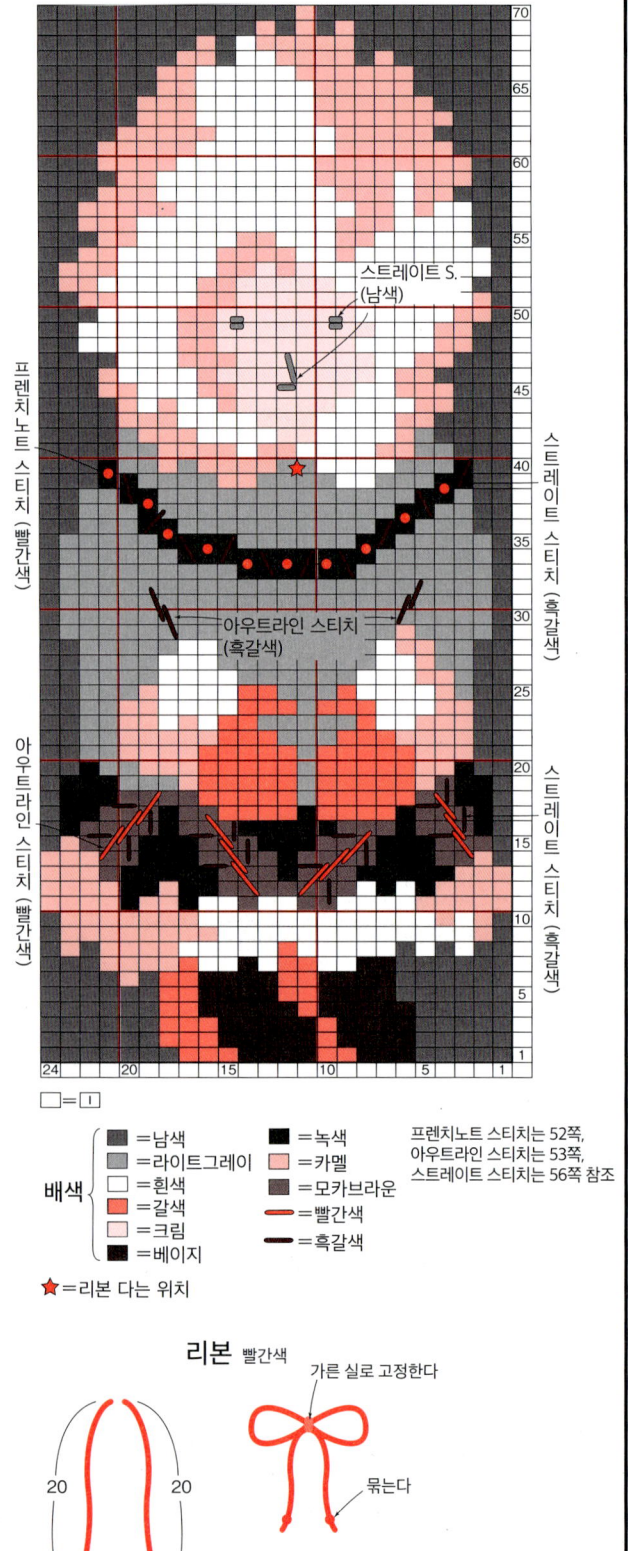

프렌치노트 스티치 (빨간색)

아웃라인 스티치 (빨간색)

스트레이트 S. (남색)

스트레이트 스티치 (흑갈색)

아웃라인 스티치 (흑갈색)

스트레이트 스티치 (흑갈색)

□ = Ⅰ

|  |  |
|---|---|
| ■ =남색 | ■ =녹색 |
| ■ =라이트그레이 | ■ =카멜 |
| □ =흰색 | ■ =모카브라운 |
| ■ =갈색 | ▬ =빨간색 |
| □ =크림 | ▬ =흑갈색 |
| ■ =베이지 | |

배색

프렌치노트 스티치는 52쪽,
아웃라인 스티치는 53쪽,
스트레이트 스티치는 56쪽 참조

★ =리본 다는 위치

### 리본 빨간색

가른 실로 고정한다

묶는다

20   20

리본 모양으로 묶고 남은 부분은
원하는 길이로 자른다

지정한 위치에 끼운다

---

# Ⅱ 체크무늬 스커트

- **재료**: 리치모어 퍼센트 오렌지(86) 245g, 연갈색(83) 160g, 흑갈색(89) 40g, 블루(108) 25g, 폭 2.5cm 고무벨트 67cm
- **완성 치수**: 허리둘레 75cm, 길이 63.5cm
- **도구**: 대바늘 10호, 9호, 7호, 6호
- **게이지**: 10cm×10cm 배색무늬뜨기 17코 19단

---

**• 뜨는 방법**

전체를 같은 색상의 실 2가닥으로 뜹니다. 일반적인 시작코를 만들어서 2코고무뜨기, 배색무늬뜨기를 합니다. 배색무늬뜨기는 세로 배색무늬뜨기와 가로 배색무늬뜨기를 조합해서 뜹니다. 뜨개 끝부분은 쉼코로 둡니다. 옆선은 실을 떠 올려서 꿰매 연결합니다. 쉼코를 바늘에 다시 끼워서 벨트를 원형으로 2코고무뜨기합니다. 뜨개 끝부분은 느슨하게 덮어씌워 코막음합니다. 원형으로 만든 고무벨트를 끼워서 벨트의 뜨개 끝부분과 코를 주운 위치에 감침질합니다.

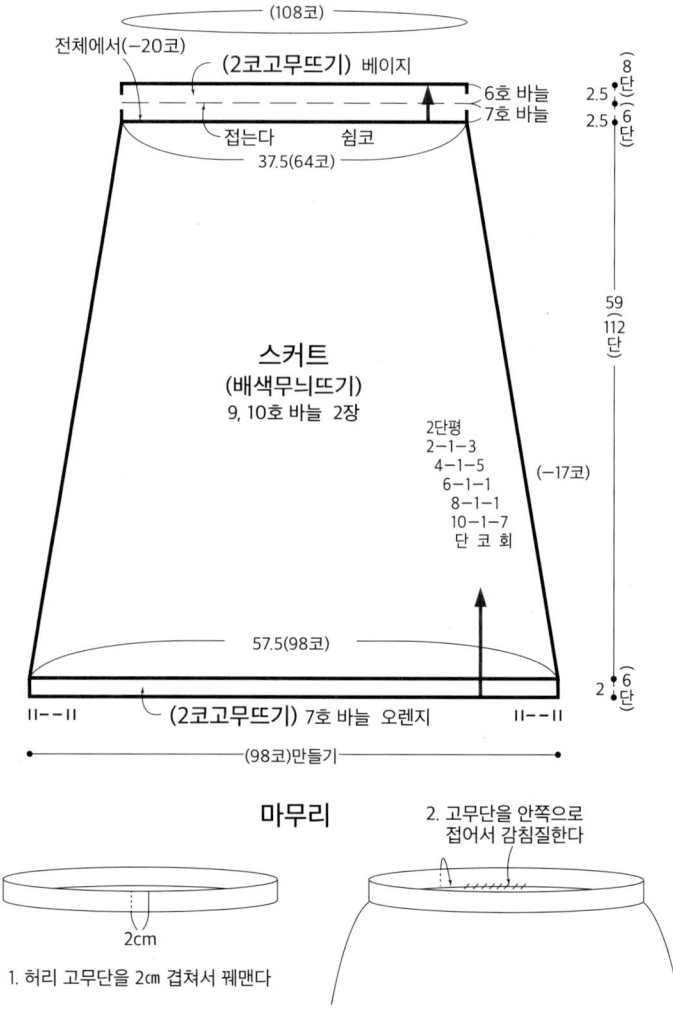

(108코)

전체에서(−20코)

(2코고무뜨기) 베이지

6호 바늘
7호 바늘

접는다   쉼코

37.5(64코)

8
2.5 단
6
2.5 단

스커트
(배색무늬뜨기)
9, 10호 바늘 2장

59
(112
단)

2단평
2-1-3
4-1-5
6-1-1
8-1-1
10-1-7
단 코 회

(−17코)

57.5(98코)

2  6
단

(2코고무뜨기) 7호 바늘 오렌지

(98코)만들기

### 마무리

2cm

1. 허리 고무단을 2cm 겹쳐서 꿰맨다

2. 고무단을 안쪽으로
접어서 감침질한다

배색무늬뜨기

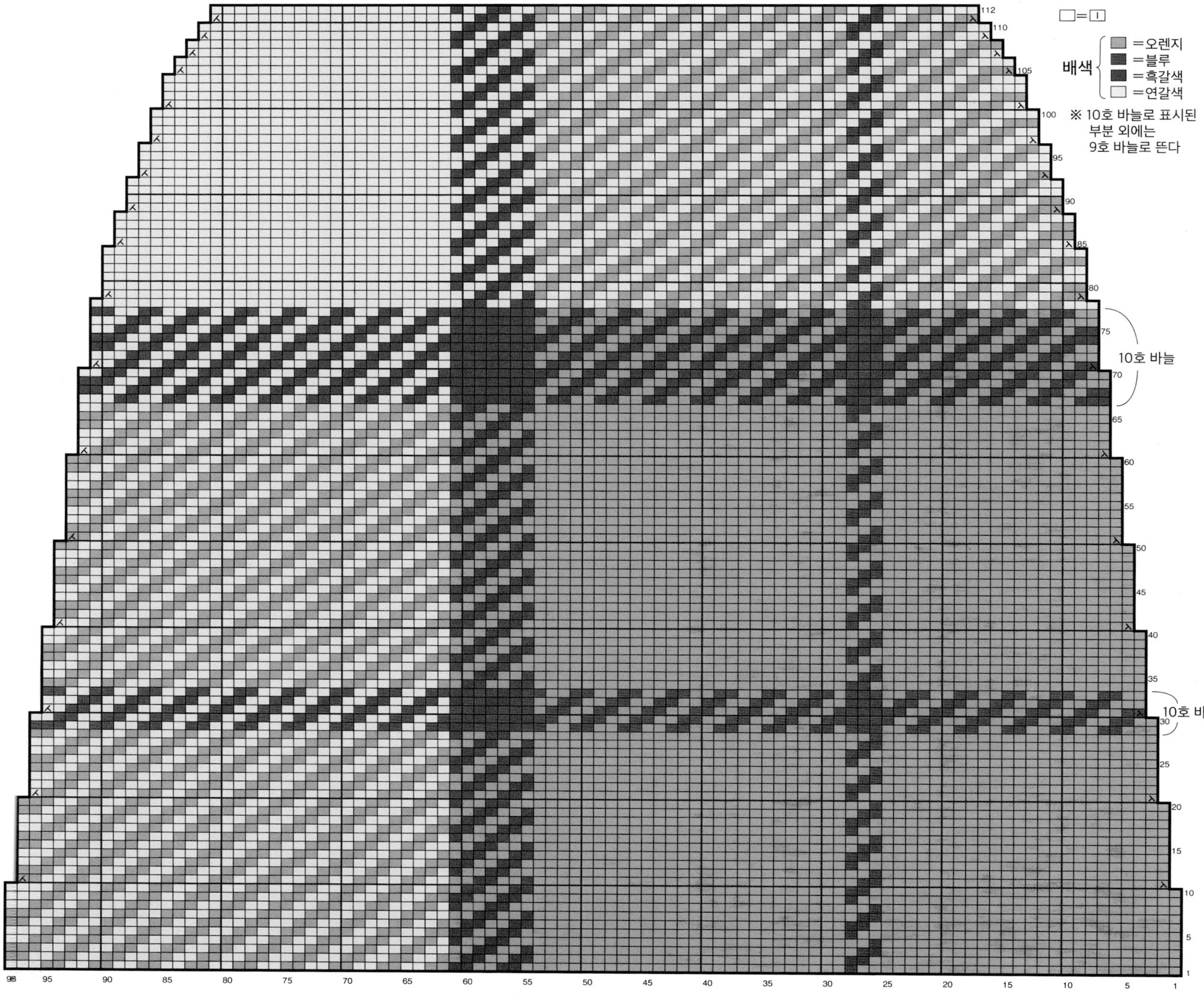

배색
= 오렌지
= 블루
= 흑갈색
= 연갈색

□ = □

※ 10호 바늘로 표시된
부분 외에는
9호 바늘로 뜬다

10호 바늘

10호 바늘

73

- **재료:** 다루마 페이크퍼 갈색(4) 39m, 메리노스타일 극태사 라이트그레이(302) 15g, 다크브라운(305) 소량, 수예용 솜 3g
- **완성 치수:** 가로 26㎝, 세로 19㎝(몸통만)
- **도구:** 코바늘 10㎜, 8/0호
- **게이지:** 10㎝×10㎝ 짧은뜨기(페이크퍼) 7.5코 6단

● **뜨는 방법**

몸통은 사슬 16코로 시작코를 만들고 도안을 참조하여 짧은뜨기로 콧수를 늘렸다 줄였다 해가며 11단을 뜹니다. 9단에서는 손잡이를 만들며 뜹니다. 얼굴은 사슬 40코로 시작코를 만들어서 원통으로 뜹니다. 도안을 참조하여 콧수를 늘렸다 줄였다 해가며 19단을 뜹니다. 코는 원형 시작코를 만들어서 짧은뜨기로 3단을 뜹니다. 2장을 떠서 얼굴을 겉쪽이 보이게 마주 놓고 창구멍 2㎝ 정도를 남겨서 감침질합니다. 코를 얼굴의 코끝에 끼워 넣고 꿰매 붙입니다. 눈은 얼굴의 지정한 위치에 아웃라인 스티치를 합니다. 얼굴이 평평해지게 솜을 채워 넣고, 몸통에 균형 있게 꿰매서 연결합니다.

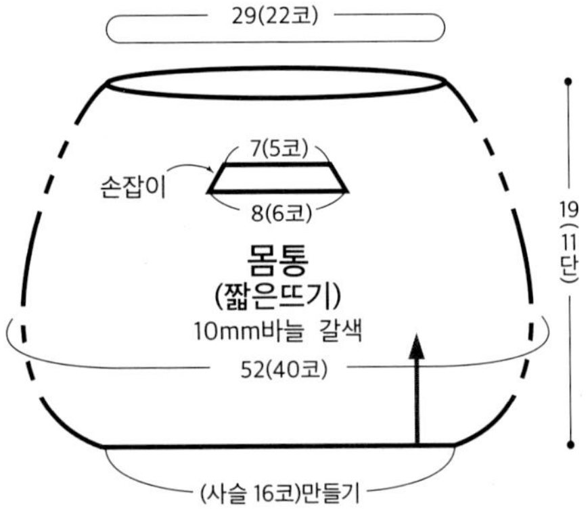

---

29(22코)

7(5코)

손잡이    8(6코)

**몸통**
**(짧은뜨기)**
10mm바늘 갈색

52(40코)

19(11단)

(사슬 16코)만들기

### 몸통의 콧수 증감

| 단 | 콧수 | |
|---|---|---|
| 11단 | 22코 | (−4코) |
| 10단 | 26코 | |
| 9단 | 26코 | (−6코) |
| 8단 | 32코 | (−4코) |
| 7단 | 36코 | (−4코) |
| 6단 | 40코 | |
| 5단 | 40코 | |
| 4단 | 40코 | (+4코) |
| 3단 | 36코 | |
| 2단 | 36코 | (+2코) |
| 1단 | 34코 | |

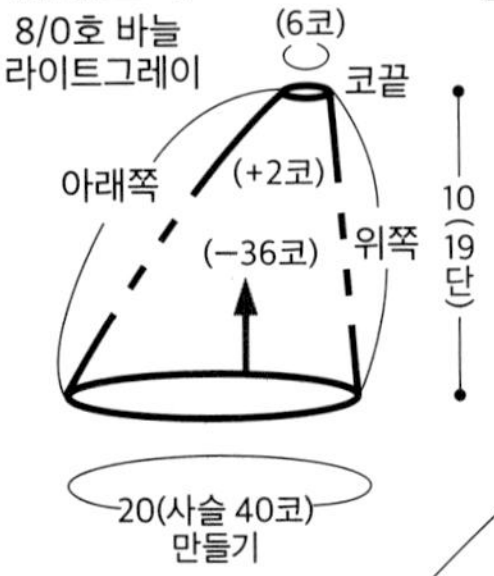

**얼굴**
**(짧은뜨기)**
8/0호 바늘
라이트그레이

(6코)    코끝

아래쪽    (+2코)    위쪽

(−36코)

10
19
단

20(사슬 40코)
만들기

**몸통을 뜨는 방법**    손잡이

⑪
⑩
⑤
②

► =실을 자른다

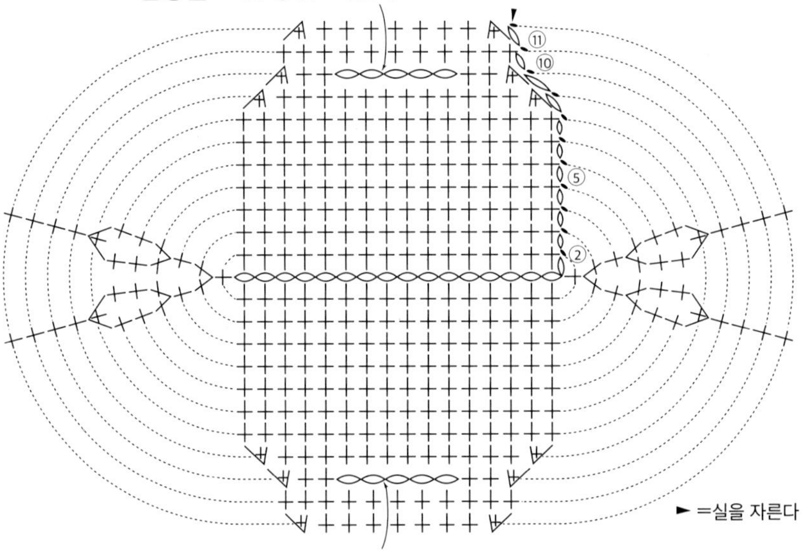

**얼굴 뜨는 방법**
아래쪽

코끝    ⑲

⑮

⑩

⑤

②
①

눈 아웃라인 스티치
다크브라운    위쪽

(40코)

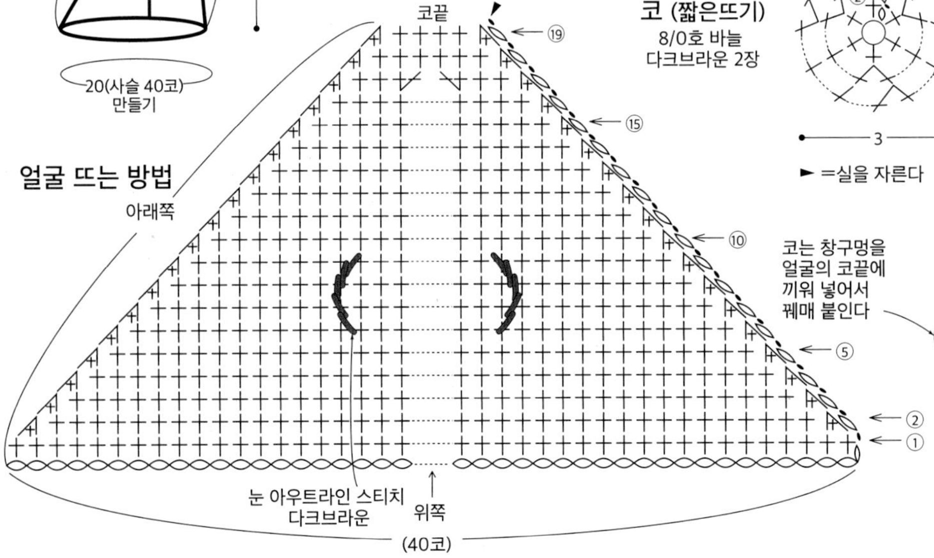

**코 (짧은뜨기)**
8/0호 바늘
다크브라운 2장

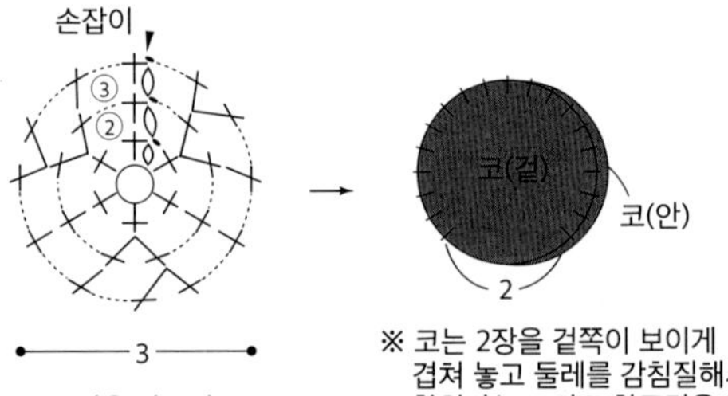

손잡이
③
②

► =실을 자른다

3

코는 창구멍을 얼굴의 코끝에 끼워 넣어서 꿰매 붙인다

코(겉)

코(안)

2

※ 코는 2장을 겉쪽이 보이게 겹쳐 놓고 둘레를 감침질해서 합친다(2㎝ 정도 창구멍을 둔다)

눈은 지정한 위치에 아웃라인 스티치 (53쪽 참조)

**마무리**

위쪽

몸통

아래쪽

얼굴에 솜을 채운 후 라이트그레이 색상의 실로 몸통에 균형 있게 꿰매서 연결한다

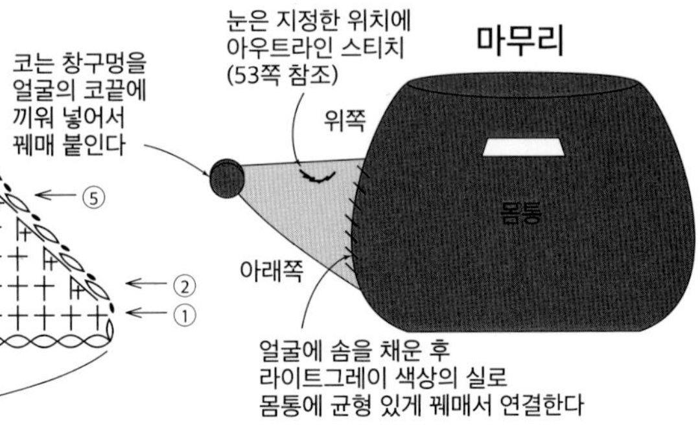

- **재료**: 퍼피 브리티시 에로이카 베이지(143)·보라색(163) 각각 30g, 흑갈색(161)·그레이(146) 각각 소량, 20cm짜리 지퍼(베이지) 1개, 지름 1.8cm 단추 1개
- **완성 치수**: 가로 22.5cm(가장 긴 부분), 세로 15cm
- **도구**: 코바늘 7/0호
- **게이지**: 10cm×10cm 짧은뜨기 18코 22단

**• 뜨는 방법**

보라색과 베이지로 각각 파우치의 뒤판과 앞판을 뜨는데 사슬뜨기로 시작코를 만듭니다. 도안을 참조하여 33단을 뜬 후 각각 같은 색으로 테두리를 짧은뜨기 1단을 뜹니다. 베이지 쪽에는 도안을 참고해서 수를 놓습니다. 안쪽에 걸친 실이 길어지지 않게 주의해가며 전체를 수놓습니다. 지퍼 다는 위치를 제외하고 베이지로 감침질해서 합칩니다. 지퍼는 실이 겉으로 보이지 않게 뜨개바탕 안쪽의 실을 떠서 꿰맵니다. 코끝에 단추를 꿰매 답니다.

## 파우치 뜨는 방법
보라색과 베이지 각 1장

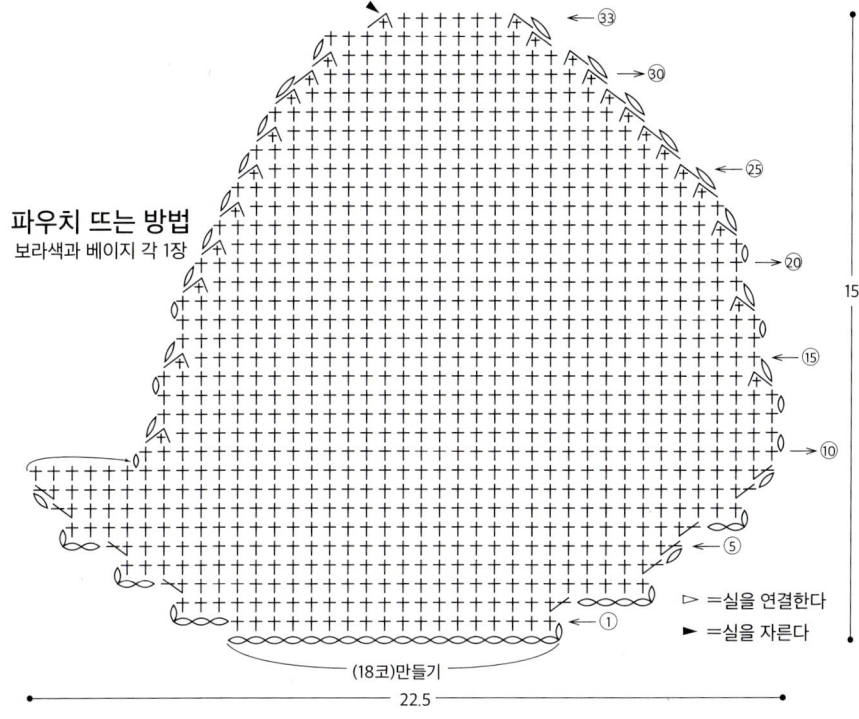

▷ =실을 연결한다
► =실을 자른다

(18코)만들기

22.5

15

## 테두리 뜨는 방법과 자수 도안
베이지

— =흑갈색
— =그레이

※ 뒤판은 보라색 실을 사용하여 코끝을 기준으로 대칭이 되게 테두리를 뜬다

지퍼 다는 위치

(앞)

스트레이트 스티치

보라색·베이지 각각 떠서 연결한다

단추 다는 위치

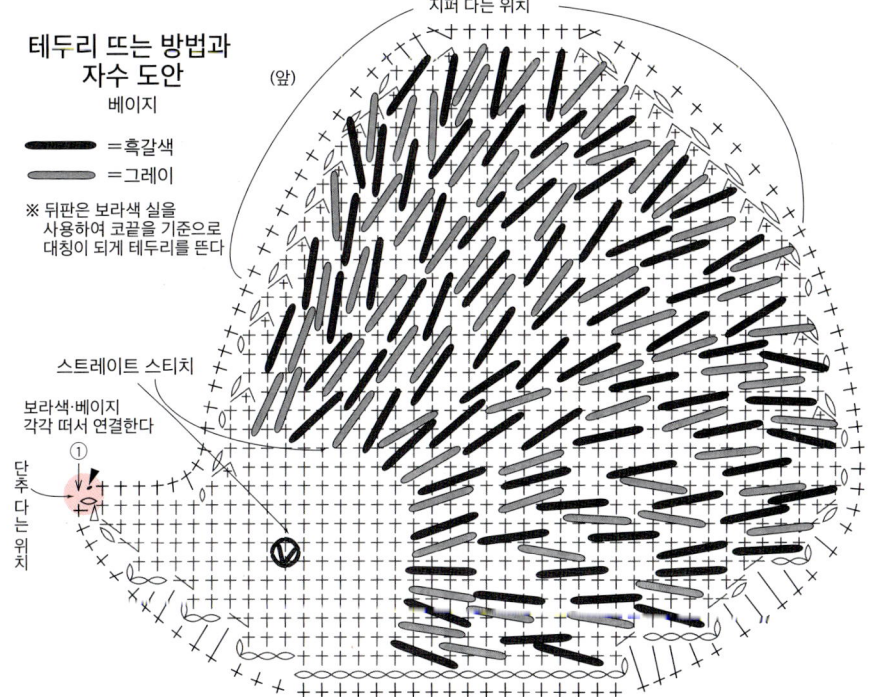

## ∨ 짧은뜨기 2코늘려뜨기

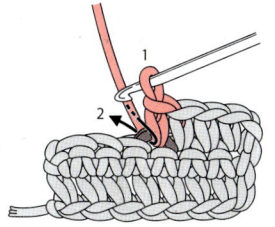

**1** 아랫단 코머리의 실 2가닥에 바늘을 넣어서 짧은뜨기 1코를 뜨고, 다시 같은 코에 바늘을 넣습니다.

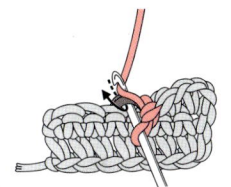

**2** 바늘에 실을 걸어서 사슬 1코 높이로 빼낸 뒤

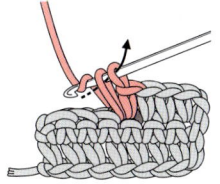

**3** 다시 짧은뜨기 1코를 뜹니다. (바늘 끝에 실을 걸어서 바늘에 걸려 있던 고리 2개를 빼낸다)

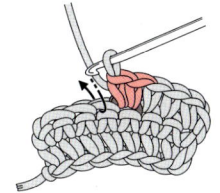

**4** 똑같은 코에 짧은뜨기 2코를 넣어 떴습니다. (1코기 늘어난 상태) 계속해서 같은 방법으로 뜹니다.

• **재료:** 퍼피 모나르카 블루그린(908) 320g, 아이보리(901) 60g, 그레이베이지(902) 40g, 검은색(909) 소량, 유리카 모헤어 샌드베이지(302) 35g, 베이지(301) 10g

• **완성 치수:** 가슴둘레 102cm, 총길이 56cm, 어깨너비 51cm, 소매길이 46cm

• **도구:** 대바늘 9호, 7호, 6호

• **게이지:** 10cm×10cm 배색무늬뜨기, 메리야스뜨기 18코 25단

• **뜨는 방법**

앞판과 뒤판은 일반적인 시작코를 만들어서 뜨기 시작하며 배색무늬 돌려뜨기로 1코고무뜨기합니다. 배색무늬뜨기는 세로 배색무늬뜨기로 뜹니다. 소매는 일반적인 시작코를 만들어서 돌려뜨기로 1코고무뜨기, 메리야스뜨기로 뜹니다. 앞판, 뒤판에 수를 놓습니다. 어깨는 빼뜨기로 잇습니다. 목둘레는 원통으로 돌려뜨기 1코고무뜨기한 뒤 느슨하게 덮어씌워 코막음해서 안쪽으로 접습니다. 뜨개 끝부분을 코를 줍는 위치에 감침질합니다. 소매는 코와 단 잇기로 몸판에 답니다. 옆선, 소매옆선은 실을 떠 올려서 꿰매 연결합니다.

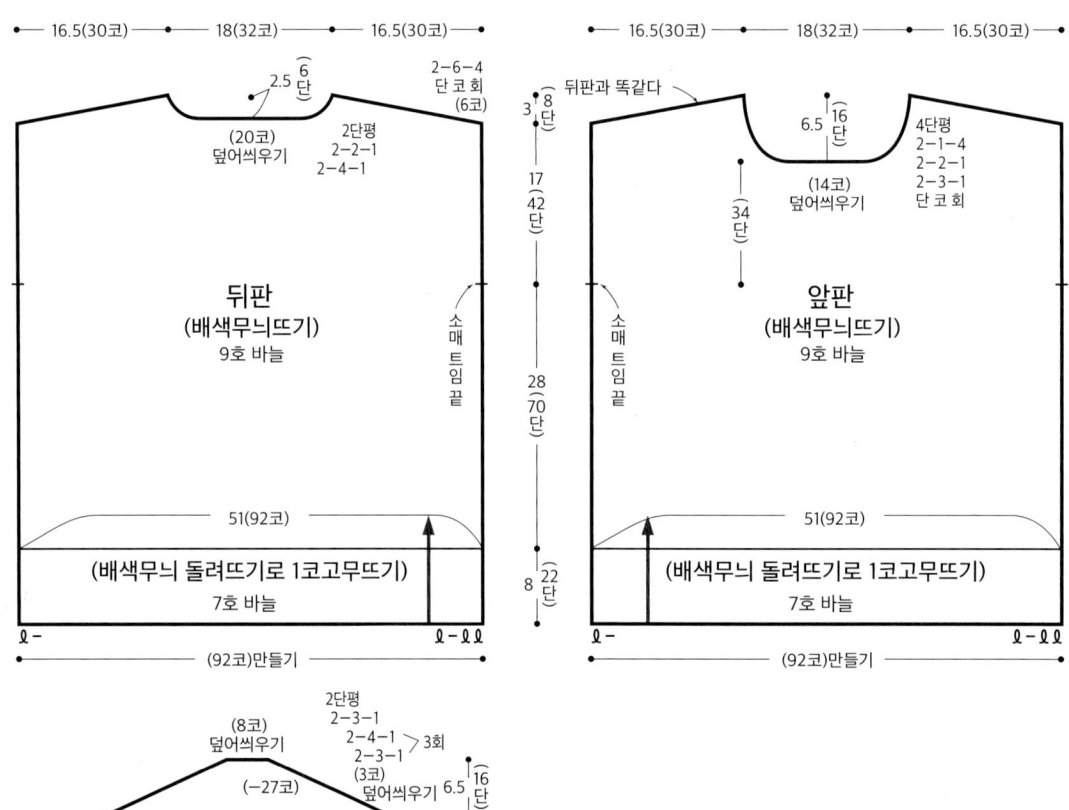

**뒤판**
(배색무늬뜨기)
9호 바늘

16.5(30코) — 18(32코) — 16.5(30코)

2.5 6단
2-6-4 단 코 회 (6회)
(20코) 덮어씌우기
2단평
2-2-1
2-4-1
소매트임끝

51(92코)
(배색무늬 돌려뜨기로 1코고무뜨기)
7호 바늘

(92코)만들기

**앞판**
(배색무늬뜨기)
9호 바늘

16.5(30코) — 18(32코) — 16.5(30코)

뒤판과 똑같다
3 8단
6.5 16단
(14코) 덮어씌우기
4단평
2-1-4
2-2-1
2-3-1 단 코 회
34단
17 42단
28 70단
8 22단
소매트임끝

51(92코)
(배색무늬 돌려뜨기로 1코고무뜨기)
7호 바늘

(92코)만들기

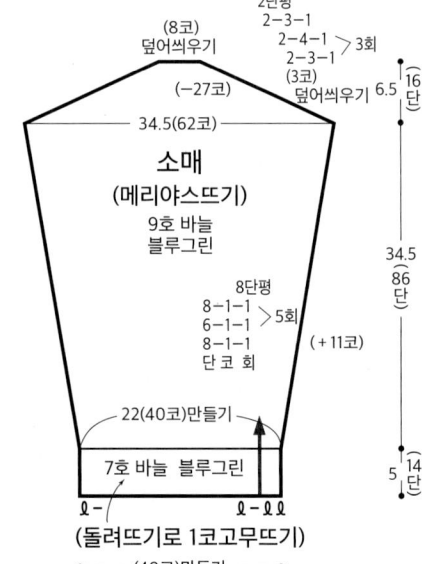

**소매**
(메리야스뜨기)
9호 바늘
블루그린

(8코) 덮어씌우기
2단평
2-3-1
2-4-1 › 3회
2-3-1
(3코) 덮어씌우기 6.5 16단
(−27코)
34.5(62코)

8단평
8-1-1
6-1-1 › 5회
8-1-1 단 코 회
(+11코)
34.5 86단

22(40코)만들기
7호 바늘 블루그린
5 14단
(돌려뜨기로 1코고무뜨기)
(40코)만들기

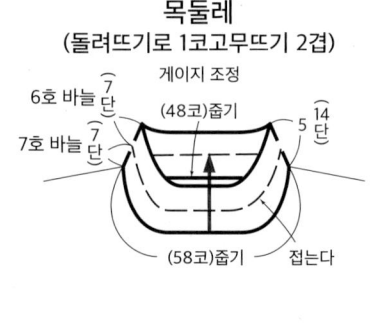

**목둘레**
(돌려뜨기로 1코고무뜨기 2겹)

게이지 조정
6호 바늘 7단
7호 바늘 7단
(48코)줍기
5 14단
(58코)줍기
접는다

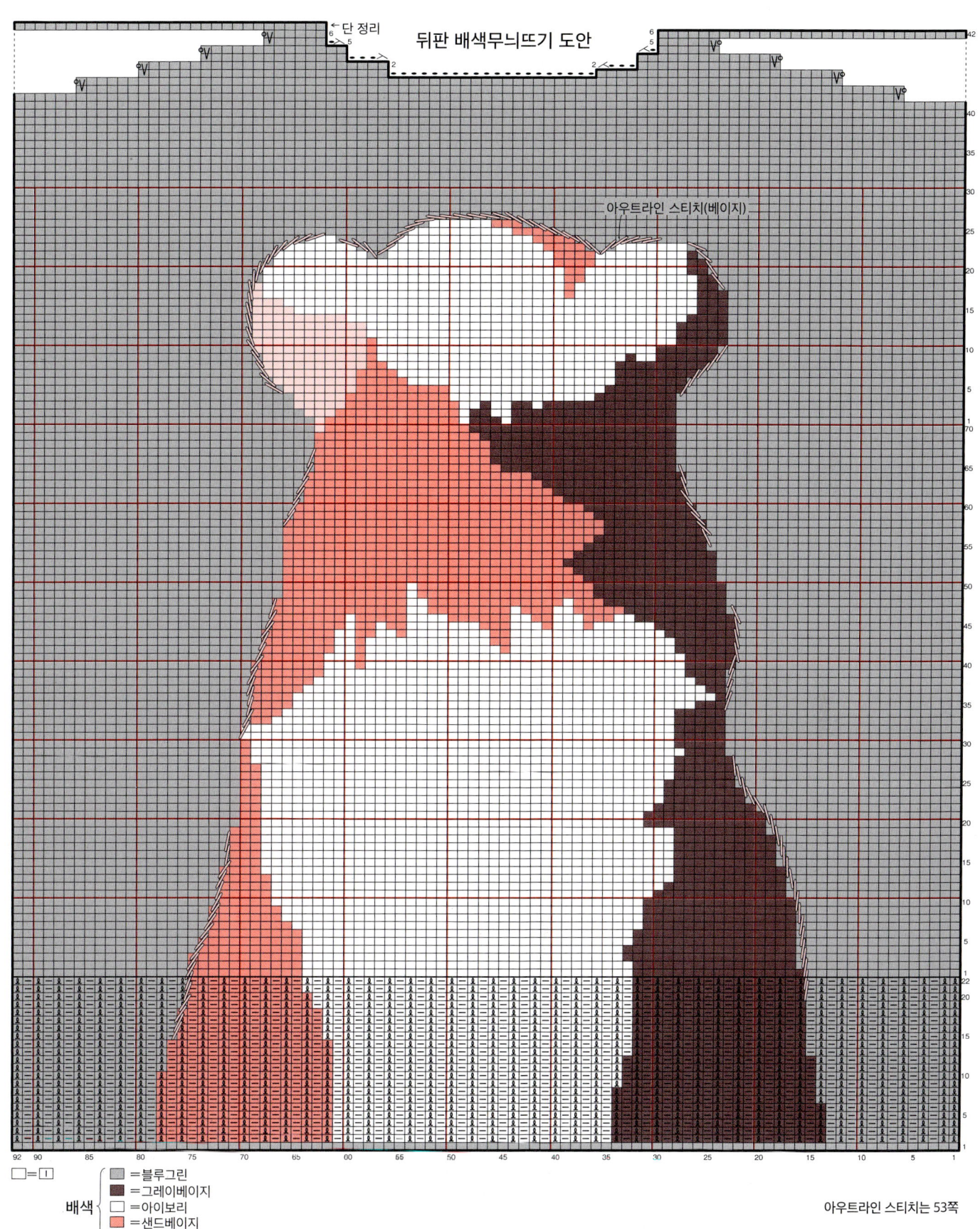

뒤판 배색무늬뜨기 도안

아우트라인 스티치(베이지)

단 정리

아우트라인 스티치는 53쪽

□=Ⅰ

배색
=블루그린
=그레이베이지
=아이보리
=샌드베이지
=베이지

앞판 배색무늬뜨기 도안

아우트라인 스티치(베이지)

스트레이트 스티치(아이보리)

아우트라인 스티치(검은색)

아우트라인 스티치는 53쪽, 스트레이트 스티치는 56쪽

□=[1]

배색
=블루그린
=베이지
=그레이베이지
=샌드베이지
=아이보리
=검은색

# M 펭귄가족 카디건

Page24

- **재료:** 퍼피 키드 모헤어파인, 유리카 모헤어, 미루아르 '페를', 브리티시 에로이카, 펠리지(사용량은 표 참조), 지름 2.4㎝ 단추 4개
- **완성 치수:** 가슴둘레 109.5㎝, 어깨너비 46㎝, 총길이 55㎝, 소매길이 52㎝
- **도구:** 대바늘 9호, 7호
- **게이지:** 10㎝×10㎝ 배색무늬뜨기, 메리야스뜨기 16코 23단

### • 뜨는 방법

몸판과 소매는 일반적인 시작코를 만들어서 뜨기 시작하며 배색무늬뜨기는 세로 배색무늬뜨기로 뜹니다. 앞판에 수를 놓습니다. 어깨는 빼뜨기로 잇고 옆선과 소매옆선은 실을 떠 올려서 꿰매기로 연결합니다. 목둘레와 앞여밈단은 지정한 색으로 코를 주워서 1코고무뜨기합니다. 색을 바꿀 때는 세로 배색무늬뜨기 방법으로 뜹니다. 뜨개 끝부분은 1코고무뜨기하며 덮어씌워 코막음합니다. 소매는 빼뜨기로 꿰매 몸판에 답니다. 단추를 달아서 완성합니다.

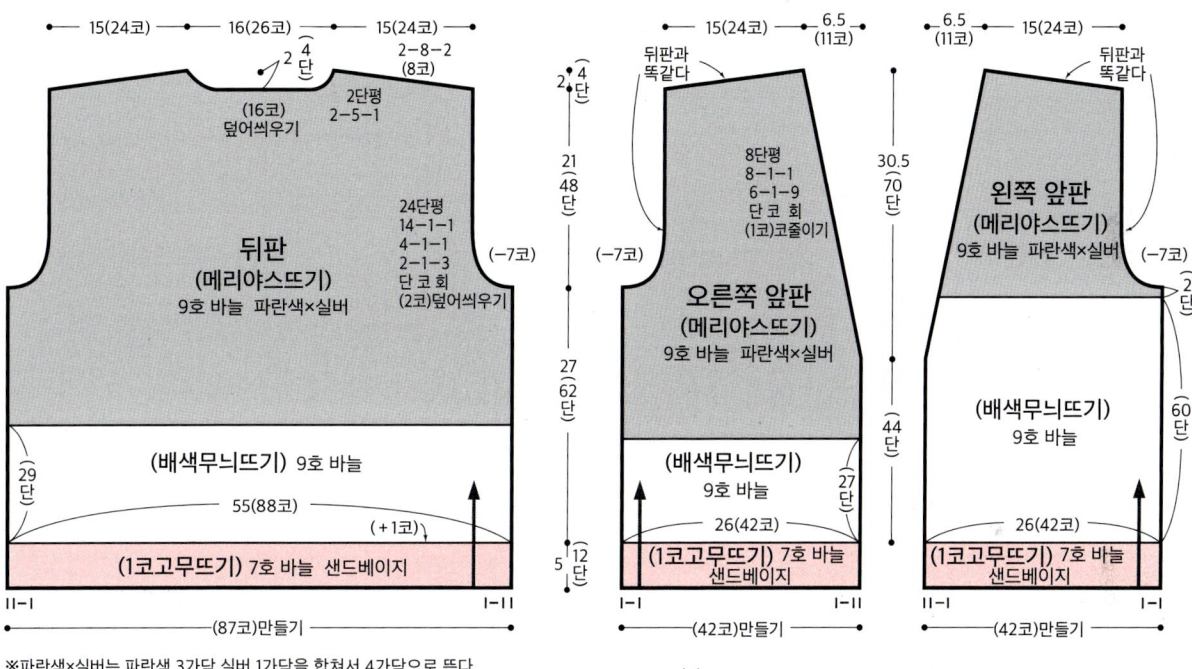

※파란색×실버는 파란색 3가닥 실버 1가닥을 합쳐서 4가닥으로 뜬다

### 실 사용량

| 키드 모헤어파인 | |
| --- | --- |
| 파란색(53) | 190g |
| **유리카 모헤어** | |
| 샌드베이지(302) | 90g |
| 차콜그레이(308) | 소량 |
| **미루아르 '페를'** | |
| 실버(401) | 40g |
| **브리티시 에로이카** | |
| 크림(134) | 10g |
| 매트블랙(122) | 10g |
| 오렌지(186) | 소량 |
| **펠리지** | |
| 그레이브라운(1360) | 소량 |

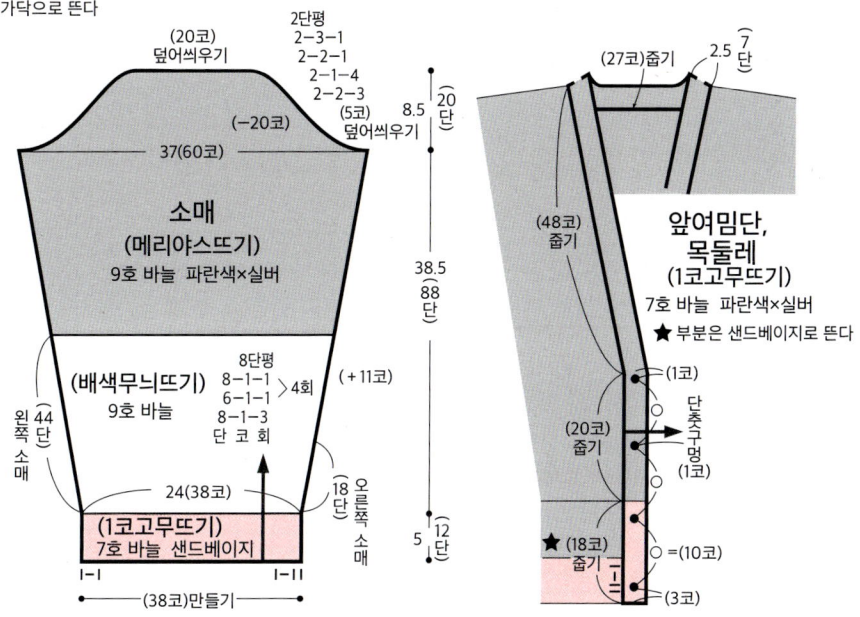

다음 페이지에 계속 ▶

79

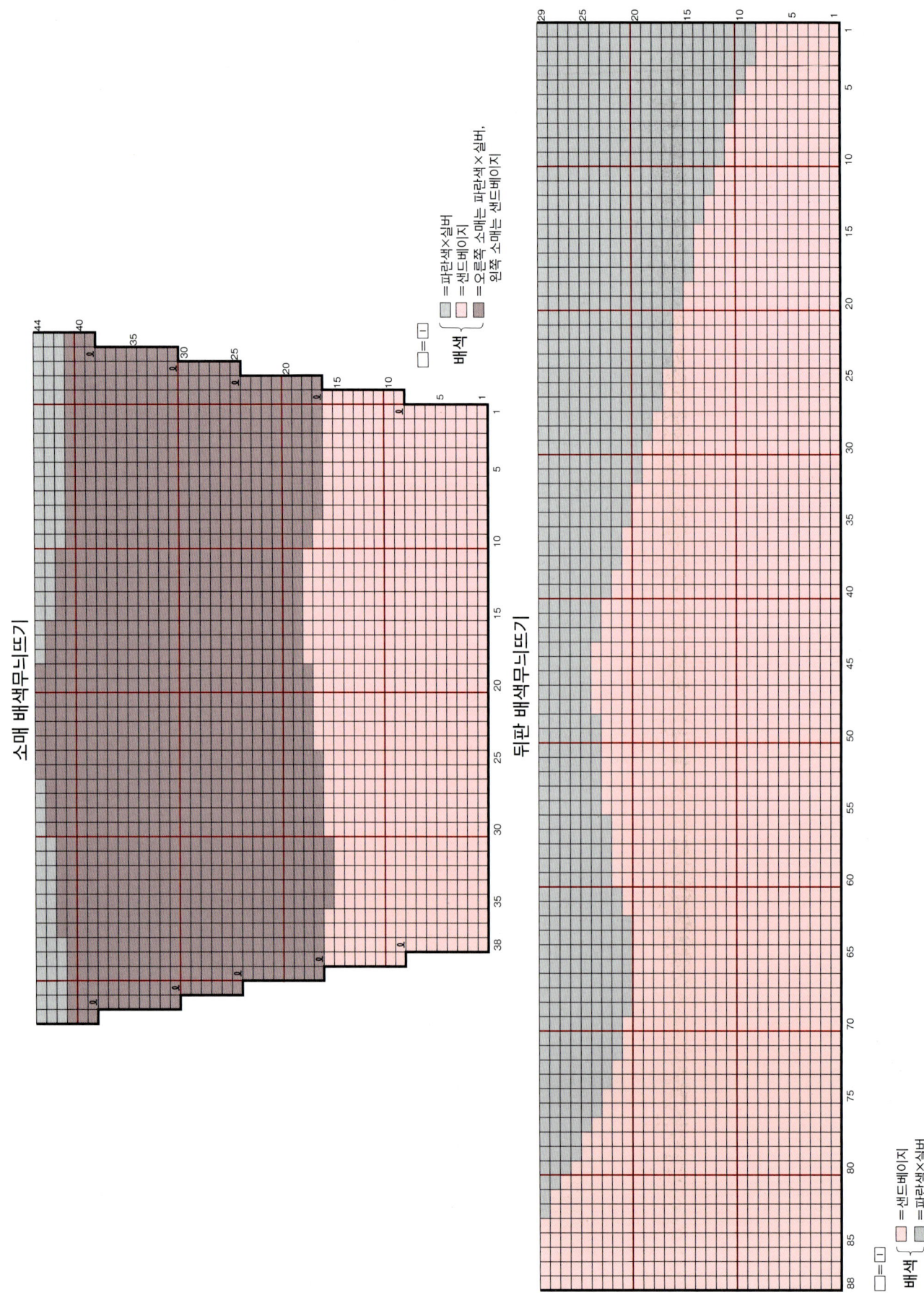

소매 배색무늬뜨기

뒤판 배색무늬뜨기

□ = □

배색 {
= 샌드베이지
= 파란색×실버
}

= 파란색×실버
= 샌드베이지
= 오른쪽 소매는 파란색×실버,
  왼쪽 소매는 샌드베이지

배색

□ = □

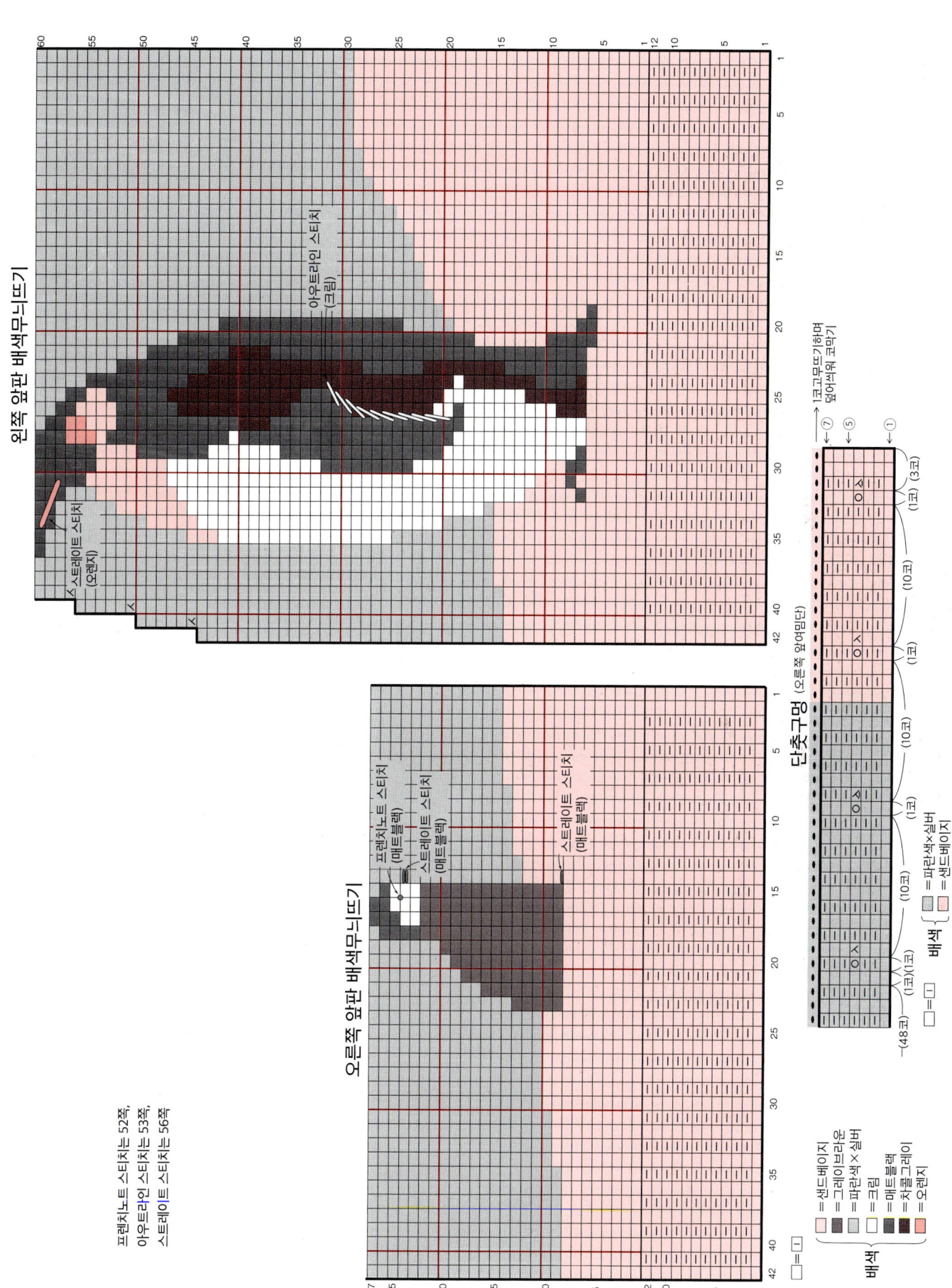

왼쪽 앞판 배색무늬뜨기

아웃라인 스티치
(크림)

스트레이트 스티치
(오렌지)

오른쪽 앞판 배색무늬뜨기

프렌치노트 스티치
(매트블랙)

스트레이트 스티치
(매트블랙)

스트레이트 스티치
(매트블랙)

프렌치노트 스티치는 52쪽,
아웃라인 스티치는 53쪽,
스트레이트 스티치는 56쪽

단춧구멍 (오른쪽 앞여밈단)

→1코 그고무뜨기하면서 옮어서워 코막기

⑦
⑤
①

(3코) (1코)
(10코)
(1코)
(10코)
(1코)
(10코)
(1코)
(1코)(1코)
(48코)

배색 { ▨ =파란색×실버
▨ =샌드베이지

▨ =샌드베이지
▨ =그레이브라운
▨ =파란색×실버
□ =크림
▨ =매트블랙
▨ =차콜그레이
▨ =오렌지

□ =□

배색

# L 설산 풀오버

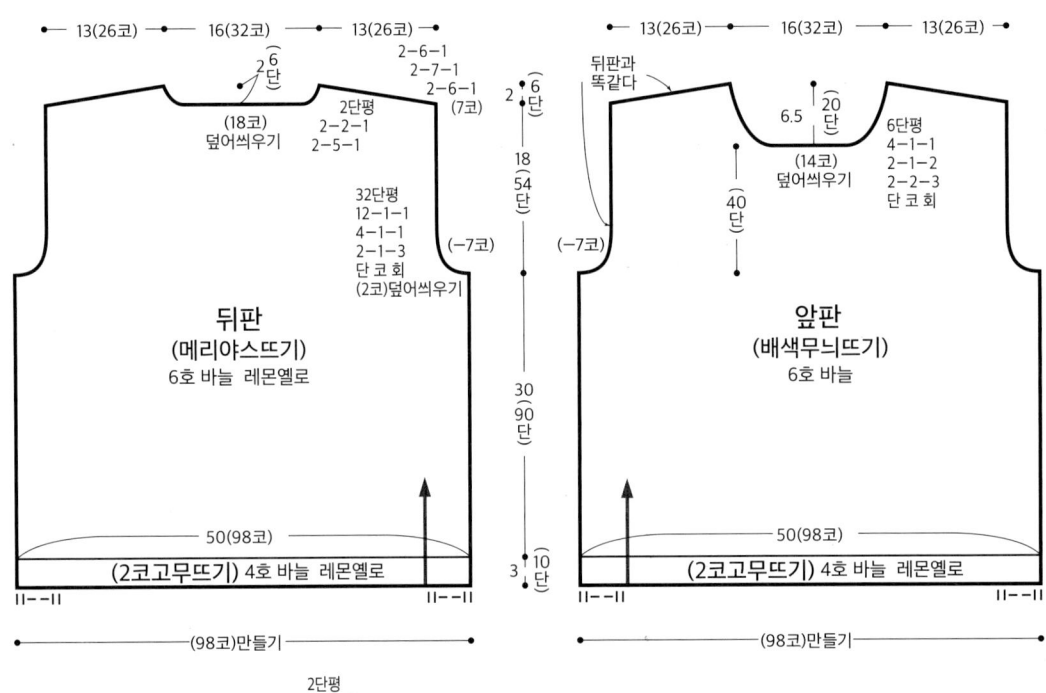

- **재료:** 하마나카 아메리 레몬옐로(25) 240g, 라이트그레이(10)·크림(20) 각각 20g, 연두색(1) 15g, 베이지(21) 10g, 그레이(22) 5g, 아쿠아그레이(37)·아이스블루(45) 각각 소량
- **완성 치수:** 가슴둘레 100cm, 어깨너비 42cm, 총길이 53cm, 소매길이 48cm
- **도구:** 대바늘 6호, 4호
- **게이지:** 10cm×10cm 메리야스뜨기, 배색무늬뜨기 19.5코 30단

● **뜨는 방법**

몸판과 소매는 일반적인 시작코를 만들어서 2코고무뜨기합니다. 뒤판과 소매는 메리야스뜨기합니다. 앞판은 세로 배색무늬뜨기한 후에 수를 놓습니다. 어깨는 빼뜨기로 잇고 옆선과 소매옆선은 실을 떠 올려서 꿰매 연결합니다. 목둘레는 원통으로 2코고무뜨기하고 뜨개 끝부분은 2코고무뜨기하며 덮어씌워 코막음합니다. 소매는 빼뜨기로 꿰매 몸판에 답니다.

**뒤판**
(메리야스뜨기)
6호 바늘 레몬옐로

13(26코) · 16(32코) · 13(26코)
2 6 단
(18코) 덮어씌우기
2단평
2-2-1
2-5-1
2-6-1
2-7-1
2-6-1
(7코)
32단평
12-1-1
4-1-1
2-1-3
단 코 회
(2코)덮어씌우기
2 6 단
18 54 단
30 90 단
3 10 단
(-7코)
50(98코)
(2코고무뜨기) 4호 바늘 레몬옐로
(98코)만들기

**앞판**
(배색무늬뜨기)
6호 바늘

13(26코) · 16(32코) · 13(26코)
뒤판과 똑같이
6.5 20 단
(14코) 덮어씌우기
6단평
4-1-1
2-1-2
2-2-3
단 코 회
40 단
(-7코)
50(98코)
(2코고무뜨기) 4호 바늘 레몬옐로
(98코)만들기

**소매**
(메리야스뜨기)
6호 바늘 노란색

2단평
2-2-2
2-2-2
2-1-4
4-1-1
2-1-3
2-2-2
(4코) 덮어씌우기
(20코) 덮어씌우기
(-20코)
31(60코)
9.5 28 단
36 108 단
10단평
8-1-1
10-1-1 }5회
8-1-1
단 코 회
(+11코)
19(38코)
2.5 8 단
(2코고무뜨기) 4호 바늘 레몬옐로
(38코)만들기

**목둘레**
(2코고무뜨기)
4호 바늘 레몬옐로

(36코)줍기
2.5 8 단
(52코)줍기

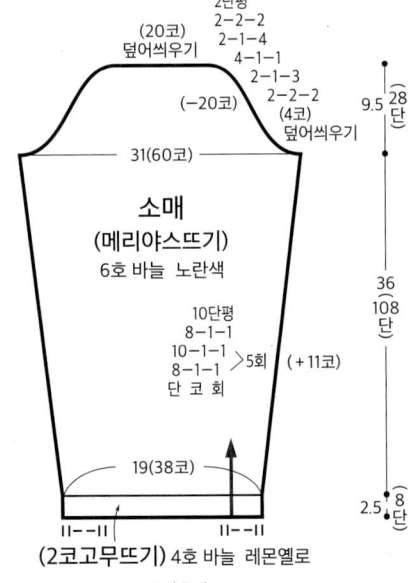
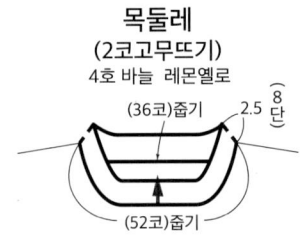

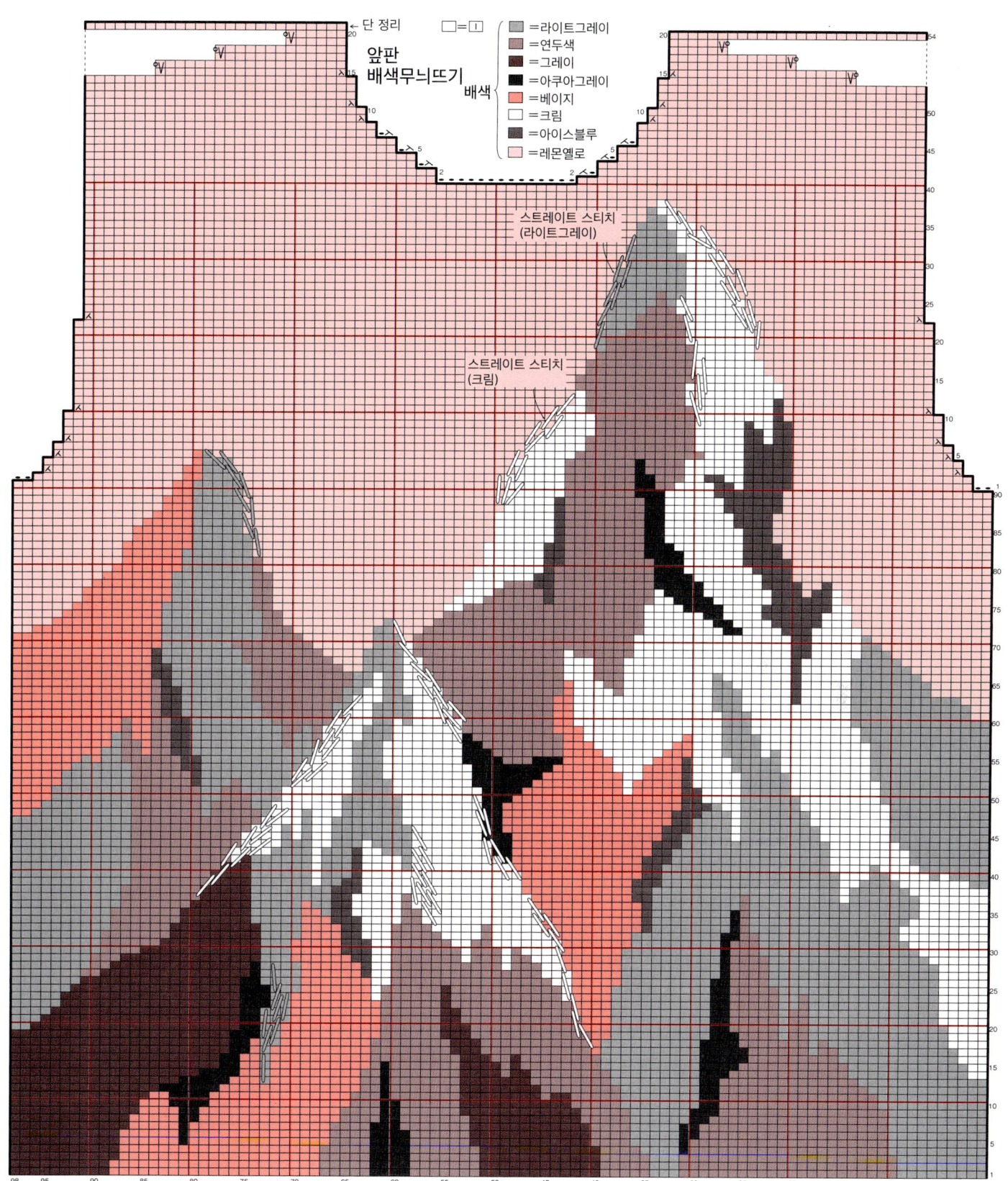

단 정리

□ = □

앞판
배색무늬뜨기       배색

=라이트그레이
=연두색
=그레이
=아쿠아그레이
=베이지
=크림
=아이스블루
=레몬옐로

스트레이트 스티치
(라이트그레이)

스트레이트 스티치
(크림)

스트레이트 스티치는 56쪽

- **재료:** 퍼피 브리티시 에로이카 애시브라운(173) 190g, 레몬(206) 20g, 오렌지(186) 15g, 흑갈색(161) 10g, 크림(134) 5g, 터쿠아즈블루(190) 소량, 펠리지 베이지(1315) 10g, 지름 6㎜ 육각형 스팽글 오렌지 79개, 시트러스 69개, 그레이 15개, 천 33㎝×74㎝, 5.5㎝×115㎝ 각 1장
- **완성 치수:** 가로 32㎝, 세로 34㎝ (본체 부분)
- **도구:** 대바늘 9호, 코바늘 7/0호, 8/0호
- **게이지:** 10㎝×10㎝ 메리야스뜨기, 배색무늬뜨기 16코 22.5단

● **뜨는 방법**

본체는 일반적인 시작코를 만들어서 뜹니다. 뒷면은 메리야스뜨기, 앞면은 세로 배색무늬뜨기로 뜹니다. 뜨개 끝부분은 덮어씌워 코막음합니다. 앞면의 지정한 위치에 털실로 수를 놓은 후 스팽글을 답니다. 바닥은 메리야스 잇기, 옆선은 실을 떠 올려서 꿰매 연결하고 입구는 원통으로 테두리뜨기합니다. 어깨끈은 사슬뜨기로 시작코를 만들어서 도안과 같이 뜹니다. 어깨끈 안쪽에 어깨끈용 천을 꿰매 붙입니다. 안감을 만들어서 어깨끈을 본체와 안감 사이에 끼워 넣은 후 꿰맵니다.

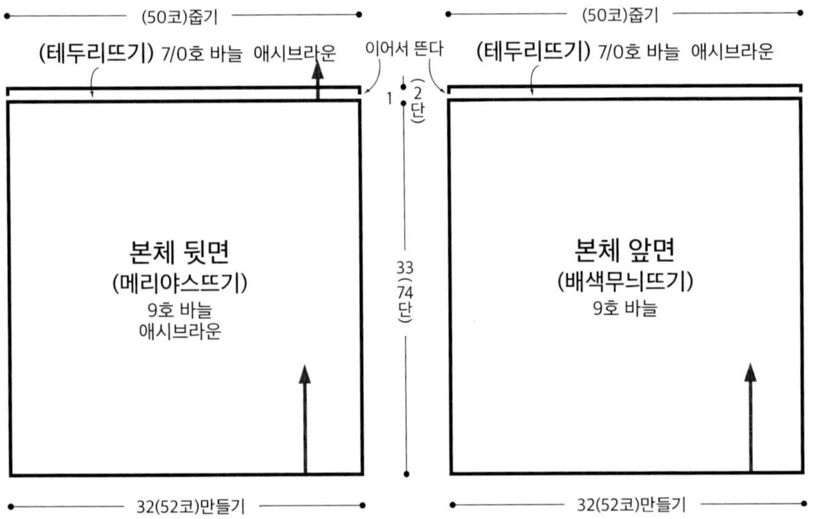

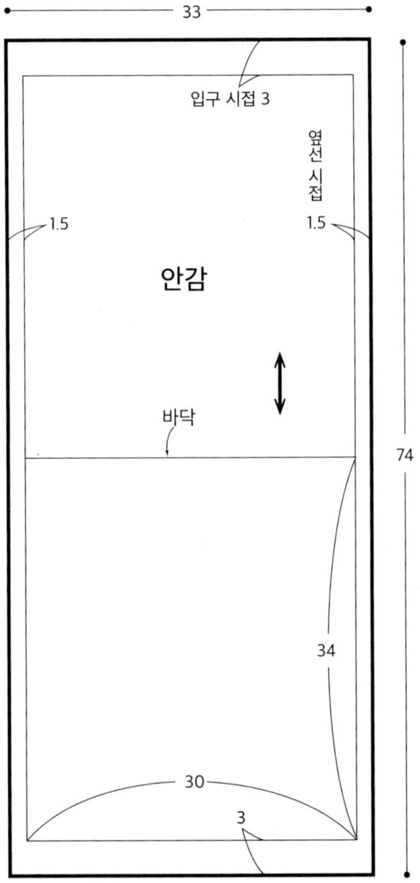

(50코)줄기　　　　　　　　(50코)줄기

(**테두리뜨기**) 7/0호 바늘 애시브라운　이어서 뜬다　(**테두리뜨기**) 7/0호 바늘 애시브라운

1 2 단

**본체 뒷면**
(**메리야스뜨기**)
9호 바늘
애시브라운

**본체 앞면**
(**배색무늬뜨기**)
9호 바늘

33
(74
단)

32(52코)만들기　　　　　　　　32(52코)만들기

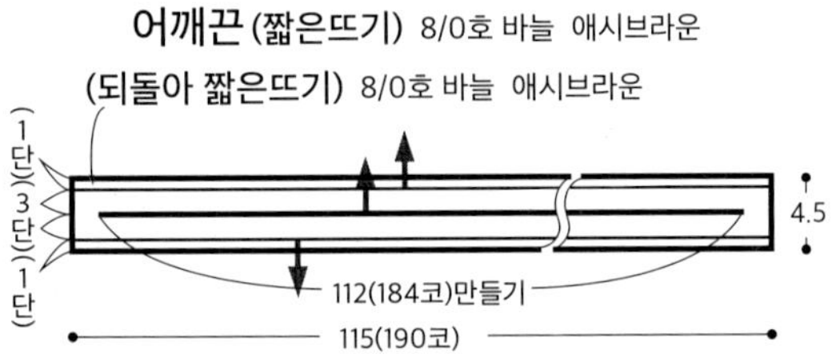

**어깨끈** (**짧은뜨기**) 8/0호 바늘 애시브라운

(**되돌아 짧은뜨기**) 8/0호 바늘 애시브라운

(1단) (3단) (1단)

4.5

112(184코)만들기

115(190코)

1
3.5 **어깨끈용 천**
1

115

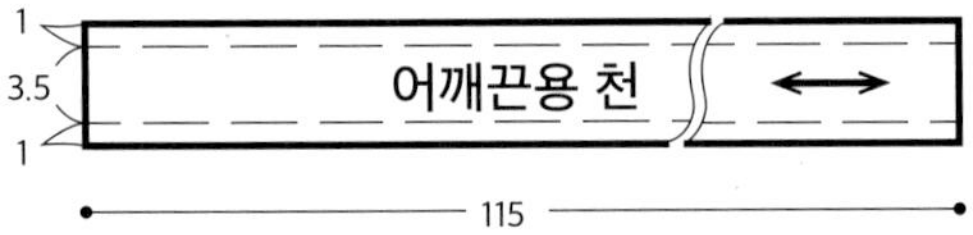

**어깨끈 뜨는 방법**

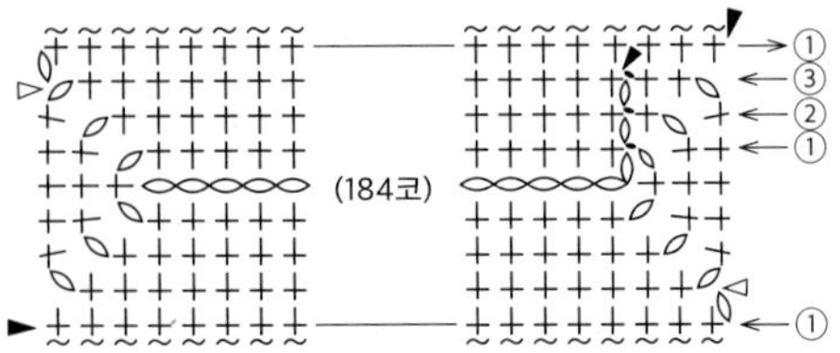

(184코)

①
③
②
①

①

▷ = 실을 연결한다
► = 실을 자른다

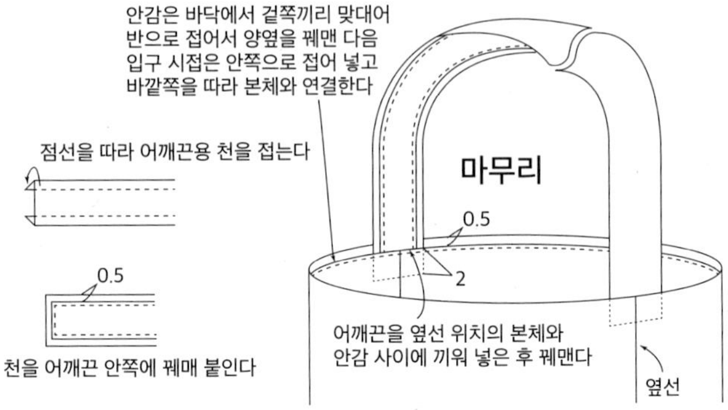

**테두리뜨기**

②
①

33

입구 시접 3

옆선
시접

1.5　　　　　　1.5

**안감**

바닥

74

34

30

3

안감은 바닥에서 겉쪽끼리 맞대어 반으로 접어서 양옆을 꿰맨 다음 입구 시접은 안쪽으로 접어 넣고 바깥쪽을 따라 본체와 연결한다

점선을 따라 어깨끈용 천을 접는다

**마무리**

0.5

0.5

2

어깨끈을 옆선 위치의 본체와 안감 사이에 끼워 넣은 후 꿰맨다

천을 어깨끈 안쪽에 꿰매 붙인다

옆선

## 되돌아 짧은뜨기

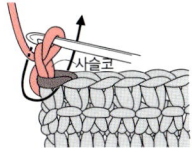

**1** 기둥코 사슬 1코를 뜬 뒤 화살표와 같이 바늘을 돌려서 아랫단 가장자리의 코머리에 넣습니다.

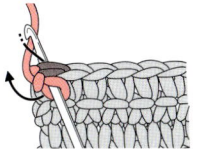

**2** 실 위에서 바늘에 실을 걸고 그대로 앞쪽으로 빼냅니다.

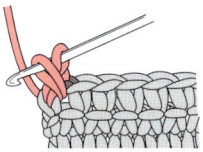

**3** 실을 빼낸 모습입니다.

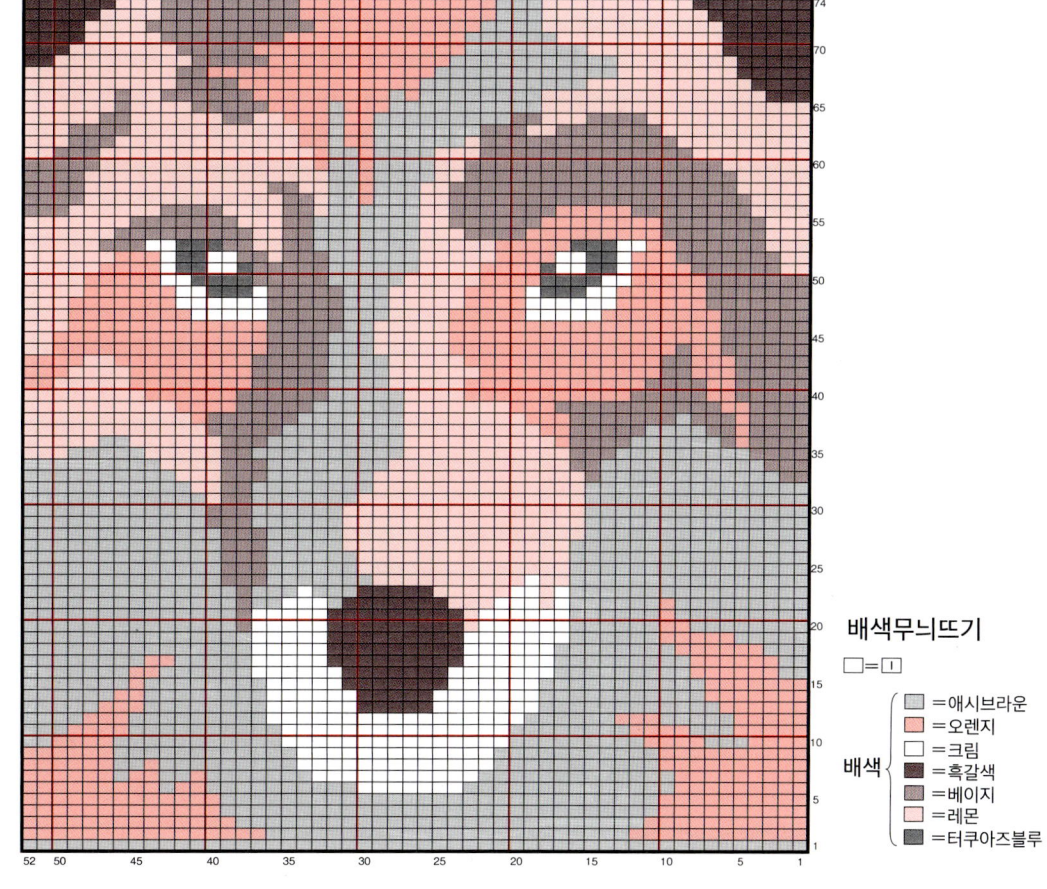

### 배색무늬뜨기

□ = I

배색
- ⬜ =애시브라운
- 🟧 =오렌지
- ⬜ =크림
- 🟫 =흑갈색
- 🟧 =베이지
- 🟧 =레몬
- ⬛ =터쿠아즈블루

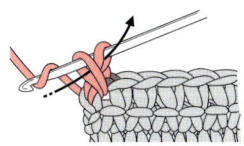

**4** 바늘 끝에 실을 걸고 바늘에 걸려 있던 고리 2개를 뺍니다. (짧은뜨기)

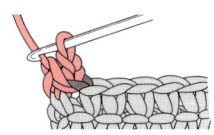

**5** '되돌아 짧은뜨기' 1코가 완성되었습니다.

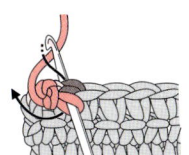

**6** 다음 코도 **1**과 같은 방법으로 바늘을 돌려서 아랫단 오른쪽 코머리에 바늘을 넣고 실 위에서 바늘에 실을 걸어 앞쪽으로 빼냅니다.

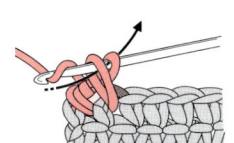

**7** 바늘 끝에 실을 걸고 바늘에 걸려 있던 고리 2개를 뺍니다. (짧은뜨기)

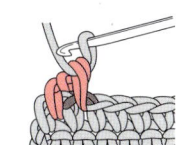

**8** 2코가 완성되었습니다.
**6**, **7**을 반복하여 왼쪽에서 오른쪽으로 뜹니다.

### 자수 도안

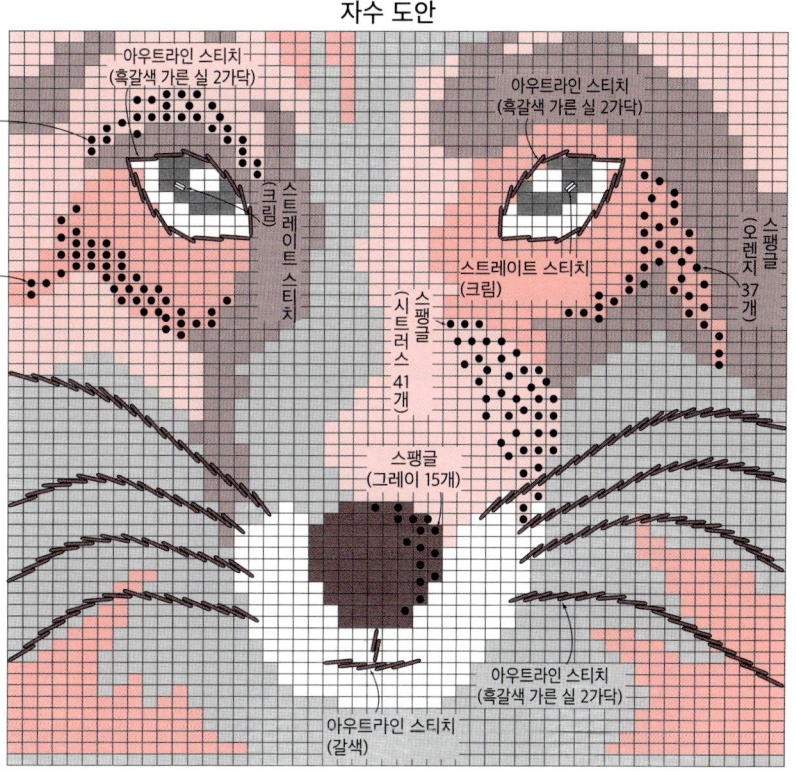

스팽글 다는 방법, 아웃라인 스티치는 53쪽, 스트레이트 스티치는 56쪽

• **뜨는 방법**
올리브색 실로 일반적인 시작코를 만들어서 뜹니다.
세로 배색무늬뜨기와 멍석뜨기를 조합해서 뜹니다.
멍석뜨기는 겉뜨기와 안뜨기를 단마다 엇갈리게 뜹
니다. 루프 실은 다른 실보다 더 빡빡하게 뜨세요. 뜨
개 끝부분은 멍석뜨기하며 덮어씌워 코막음합니다.

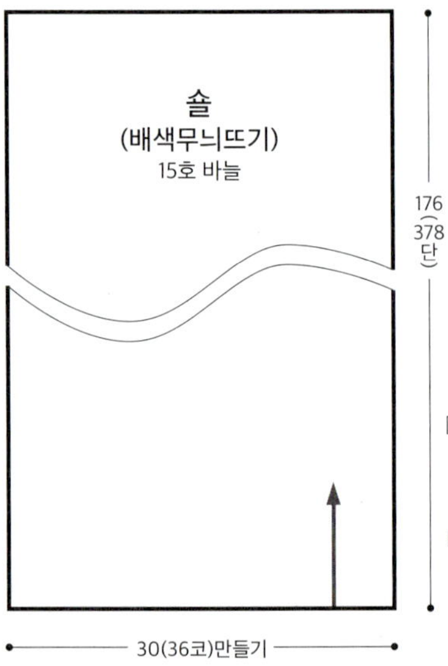

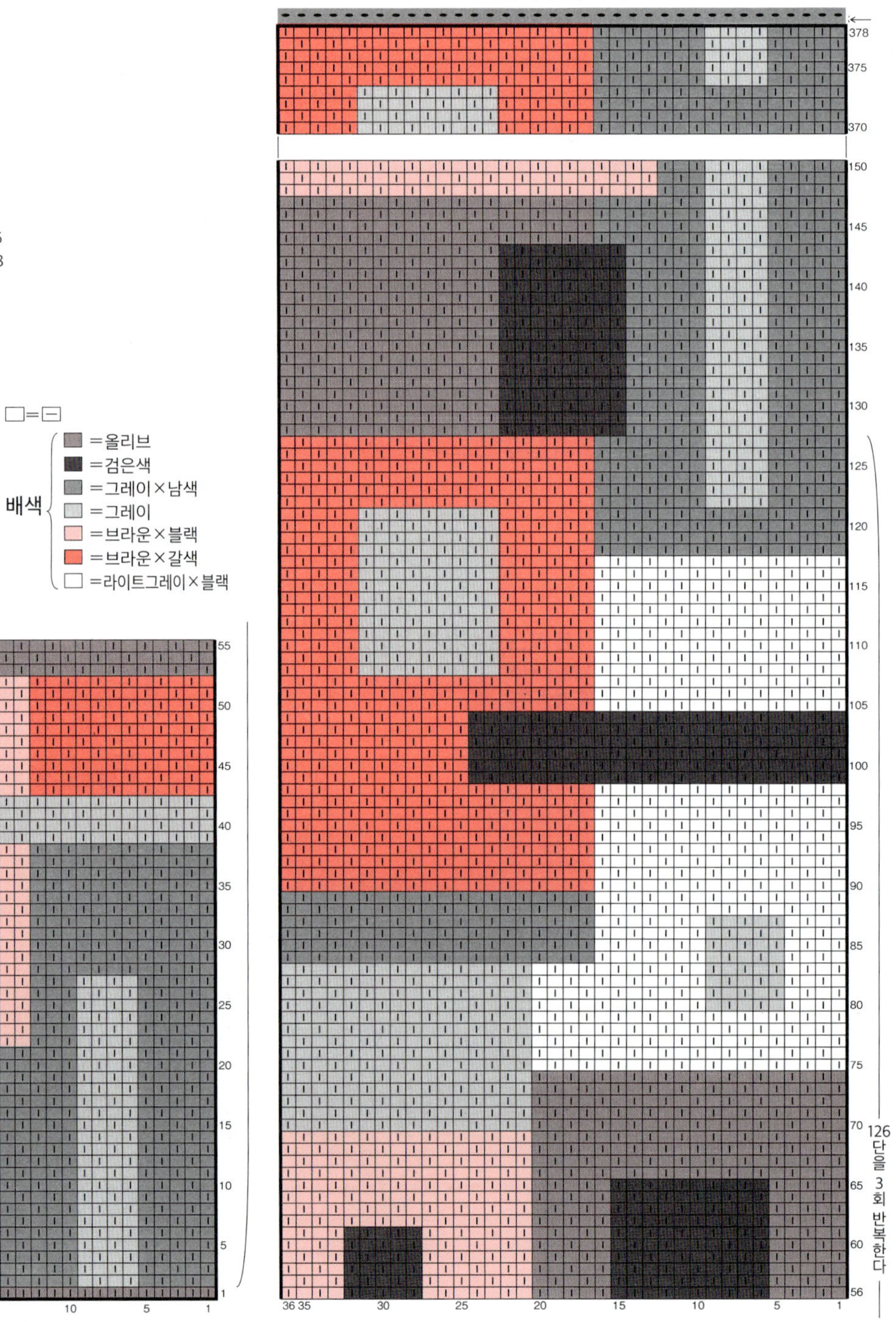

• **재료**: 다루마 폼폼울 브라운×블랙(2) 55g, 라이트그레이×블랙(6) 40g, 스프라
우트 브라운×갈색(4) 50g, 그레이×남색(3) 45g, 루프 그레이(5)·검은색(6) 각각
40g, 울 모헤어 올리브(11) 25g
• **완성 치수**: 너비 30㎝, 길이 176㎝
• **도구**: 대바늘 15호
• **게이지**: 10㎝×10㎝ 배색무늬뜨기 12코 21.5단

**숄**
(배색무늬뜨기)
15호 바늘

176
(378
단)

□ = −

배색 {
=올리브
=검은색
=그레이×남색
=그레이
=브라운×블랙
=브라운×갈색
=라이트그레이×블랙
}

30(36코)만들기

**배색무늬뜨기**

멍석뜨기하며
덮어씌워 코막기

126
단을
3
회
반복
한다

# 여우 목도리

Page 27

- **재료:** 퍼피 키드 모헤어파인 오렌지(58) 65g, 청록색(48) 35g, 핑크(5)·황록색(51) 각각 30g, 녹색(39)·갈색(52) 각각 20g, 크림(2) 15g
- **완성 치수:** 너비 17㎝, 길이 146.5㎝ (꼬리 제외)
- **도구:** 대바늘 9호
- **게이지:** 10㎝×10㎝ 배색무늬뜨기, 메리야스뜨기 16코, 22단

● **뜨는 방법**

전체를 같은 색 실 4가닥으로 뜹니다. 본체는 일반적인 시작코를 만들어서 세로 배색무늬뜨기로 뜹니다. 뒷다리를 좌우로 나눠서 뜨고, 뜨개 끝부분은 덮어씌워 코막음합니다. 양쪽 앞다리는 일반적인 시작코를 만들어서 뜨고 뜨개 끝부분은 본체와 메리야스 잇기로 연결합니다. 꼬리는 일반적인 시작코를 만들어서 뜨고 뜨개 끝부분은 실끝을 통과시켜서 꽉 조입니다. 본체 얼굴에 수를 놓습니다. 본체와 다리 양옆의 실을 떠 올려서 꿰매 연결합니다. 코로 남은 부분은 감침질로 이어서 합칩니다. 꼬리는 양끝의 실을 떠 올려서 꿰매 연결하고 뜨개 끝부분은 평평하게 모양을 잡은 뒤 본체에 연결합니다.

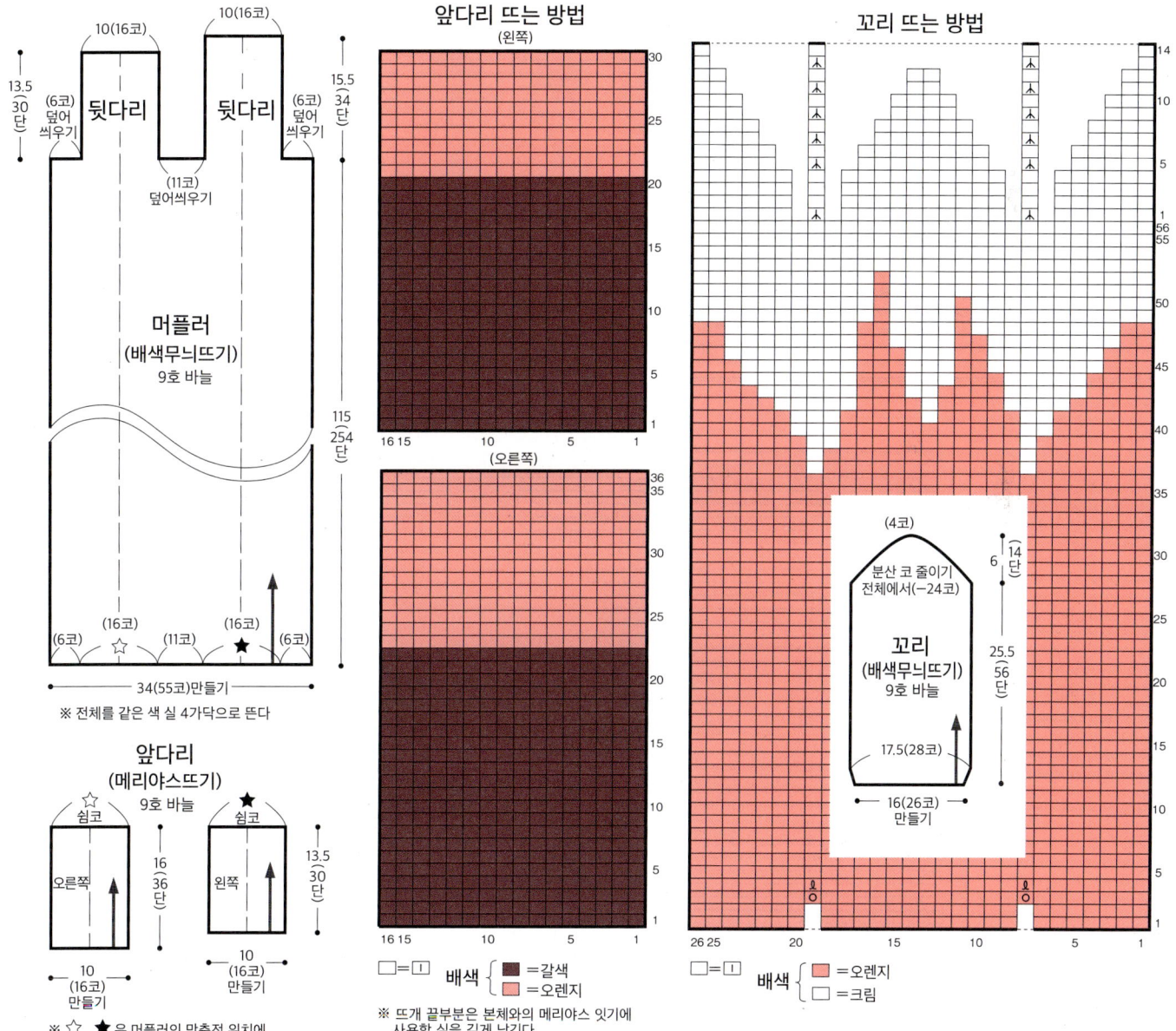

**앞다리 뜨는 방법**
(왼쪽)

**꼬리 뜨는 방법**

**머플러**
(배색무늬뜨기)
9호 바늘

뒷다리 / 뒷다리

10(16코) / 10(16코)

(6코)덮어씌우기

(11코)덮어씌우기

13.5(30단) / 15.5(34단) / 115(254단)

34(55코)만들기

※ 전체를 같은 색 실 4가닥으로 뜬다

(6코) (16코) (11코) (16코) (6코)

**앞다리**
(메리야스뜨기)
9호 바늘

쉼코 / 쉼코

오른쪽 / 왼쪽

16(36단) / 13.5(30단)

10(16코)만들기 / 10(16코)만들기

※ ☆, ★은 머플러의 맞춤점 위치에 메리야스 잇기로 연결한다

16 15 ··· 10 ··· 5 ··· 1
(오른쪽)

□=[1]
배색 { ■=갈색 / ■=오렌지 }

※ 뜨개 끝부분은 본체와의 메리야스 잇기에 사용할 실을 길게 남긴다

**꼬리**
(배색무늬뜨기)
9호 바늘

(4코)

분산 코 줄이기 전체에서(−24코)

6(14단) / 25.5(56단)

17.5(28코)

16(26코)만들기

26 25 ··· 20 ··· 15 ··· 10 ··· 5 ··· 1

□=[1]
배색 { ■=오렌지 / □=크림 }

다음 페이지에 계속 ▶

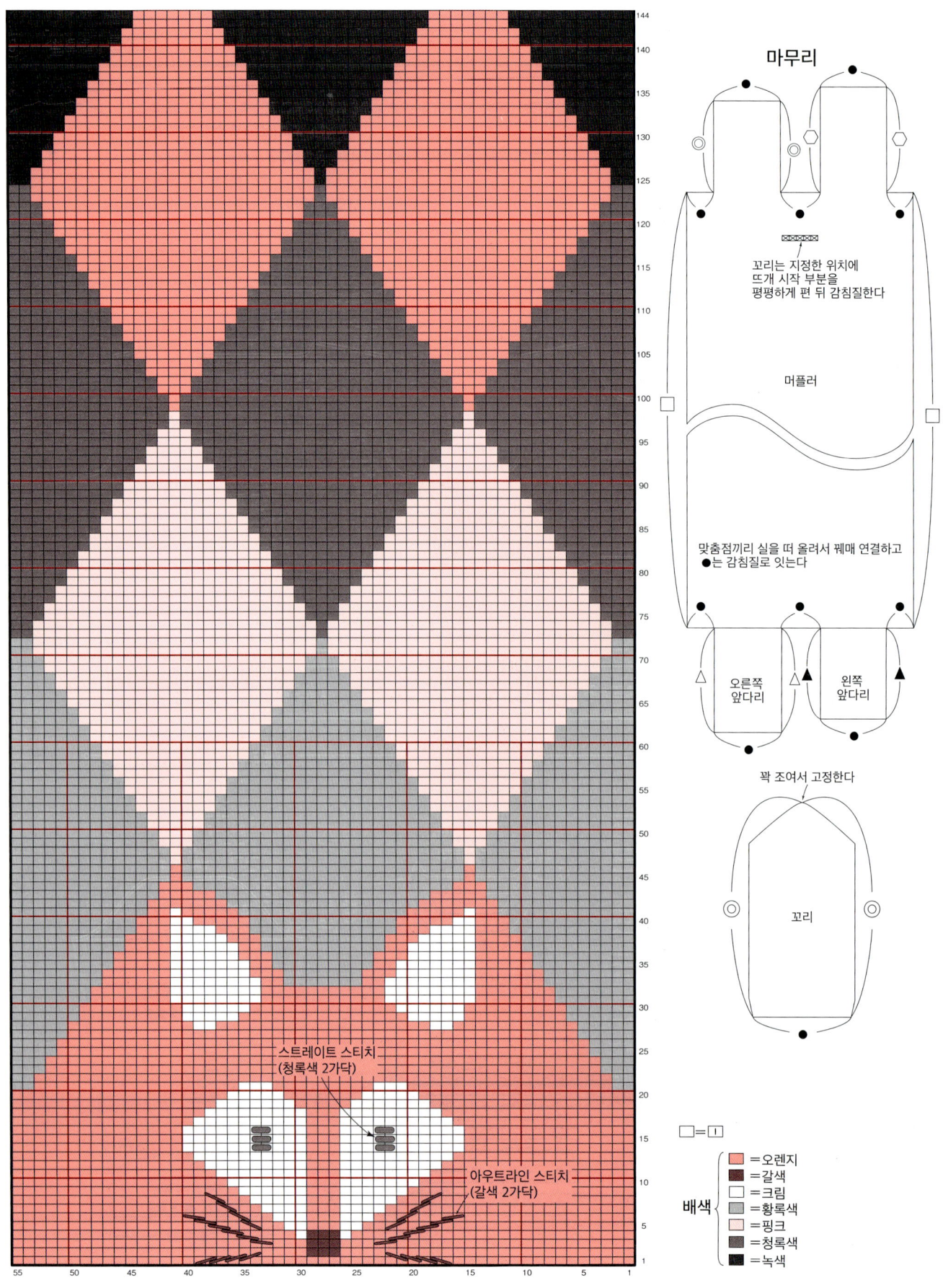

마무리

꼬리는 지정한 위치에
뜨개 시작 부분을
평평하게 편 뒤 감침질한다

머플러

맞춤점끼리 실을 떠 올려서 꿰매 연결하고
●는 감침질로 잇는다

오른쪽
앞다리

왼쪽
앞다리

꽉 조여서 고정한다

꼬리

스트레이트 스티치
(청록색 2가닥)

아우트라인 스티치
(갈색 2가닥)

□ = Ｉ

배색

=오렌지
=갈색
=크림
=황록색
=핑크
=청록색
=녹색

아우트라인 스티치는 53쪽, 스트레이트 스티치는 56쪽

머플러 뜨는 방법

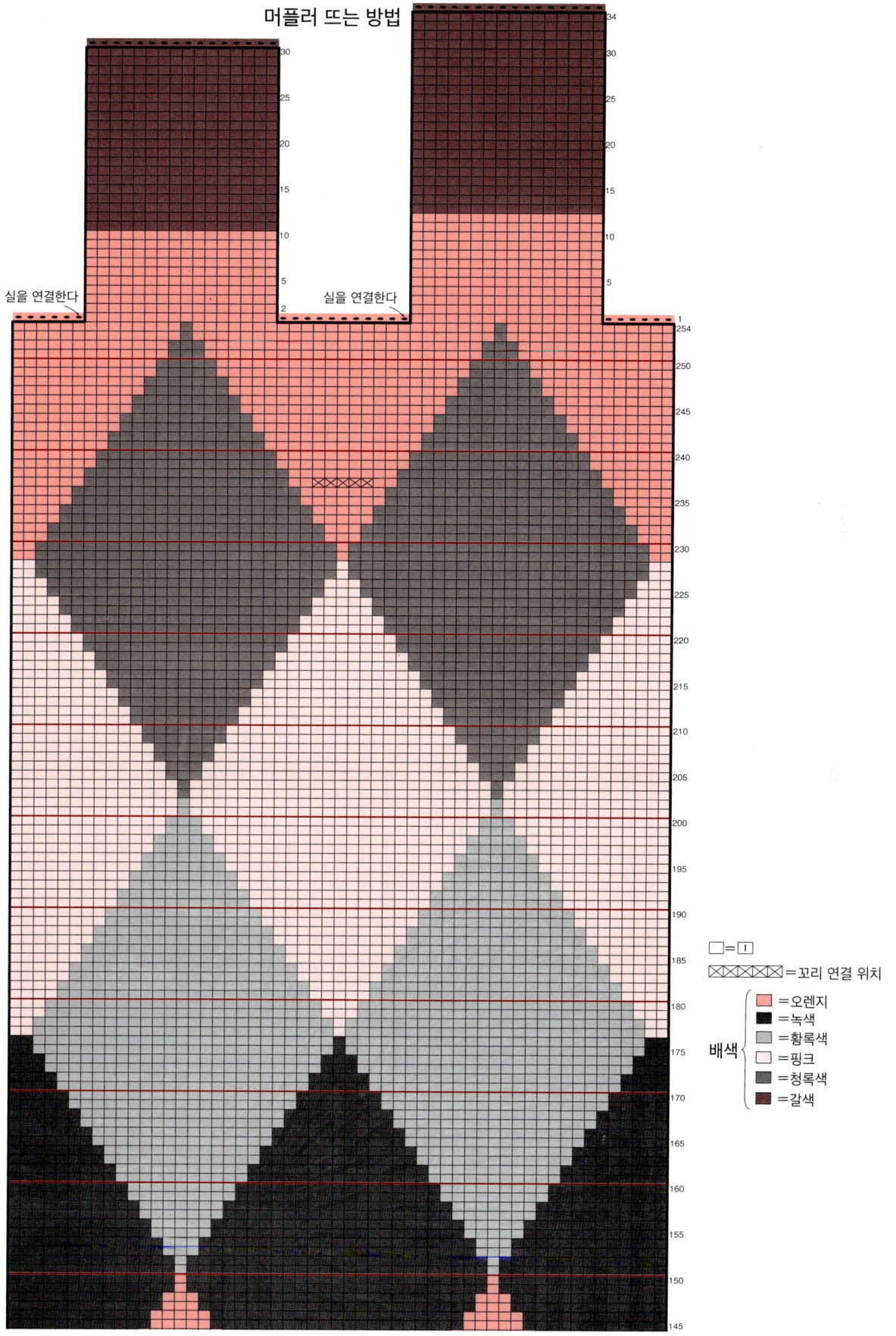

실을 연결한다

실을 연결한다

□=Ⅰ

⊠⊠⊠⊠⊠=꼬리 연결 위치

배색
⎰ =오렌지
⎱ =녹색
  =황록색
  =핑크
  =청록색
  =갈색

• **재료:** 다루마 메리노스타일 극태사 라이트그레이(302) 255g, 폼폼울 아이보리×그레이(1) 85g, 라이트그레이×블랙(6) 75g, 스프라우트 크림(1) 75g, 루프 그레이(5) 70g, 베이지(7) 65g, 울 모헤어 베이지(2) 40g, 지름 1.8cm과 2cm 단추 각 3개
• **완성 치수:** 가슴둘레 104.5cm, 총길이 56cm, 어깨너비 52cm, 소매길이 46cm
• **도구:** 대바늘 9호, 코바늘 8/0호
• **게이지:** 10cm×10cm 무늬뜨기A, B 17코 34단

• **뜨는 방법**
뒤판은 풀어내는 시작코를 만들어서 왼쪽 옆선부터 뜨기 시작하고 뜨개 끝부분은 쉼코로 둡니다. 왼쪽 앞판은 풀어내는 시작코를 만들어서 옆선부터 뜨기 시작하고 뜨개 끝부분은 덮어씌워 코막음합니다. 오른쪽 앞판은 일반적인 시작코를 만들어서 앞판 가장자리부터 뜨기 시작하고 2코 이상 코를 늘리는 부분은 감아코 만들기로 코늘리기하고 뜨개 끝부분은 쉼코로 둡니다. 어깨는 실을 떠 올려서 꿰매 연결합니다. 오른쪽 소매는 쉼코에서 코를 줍고 뜨개 끝부분은 덮어씌워 코막음합니다. 왼쪽 소매는 풀어내는 시작코를 푼 뒤 코를 주워서 뜹니다. 옆선은 빼뜨기로 잇고 소매옆선은 실을 떠 올려서 꿰매 연결합니다. 밑단, 앞여밈단, 목둘레를 테두리뜨기B로 이어서 뜹니다. 소맷단은 테두리뜨기A를 원통으로 뜹니다.

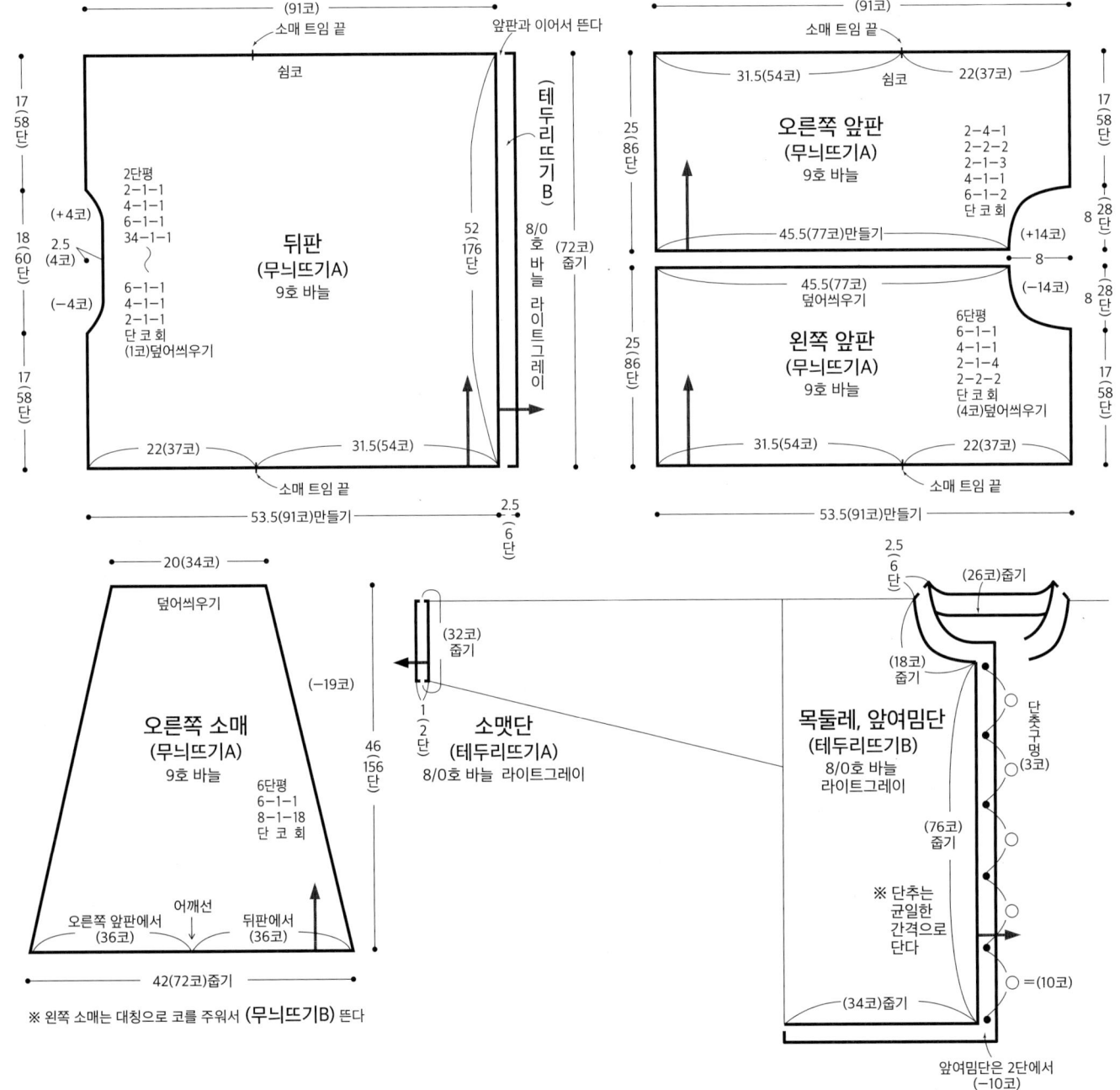

※ 왼쪽 소매는 대칭으로 코를 주워서 **무늬뜨기B** 뜬다

## 무늬뜨기A

## 무늬뜨기B

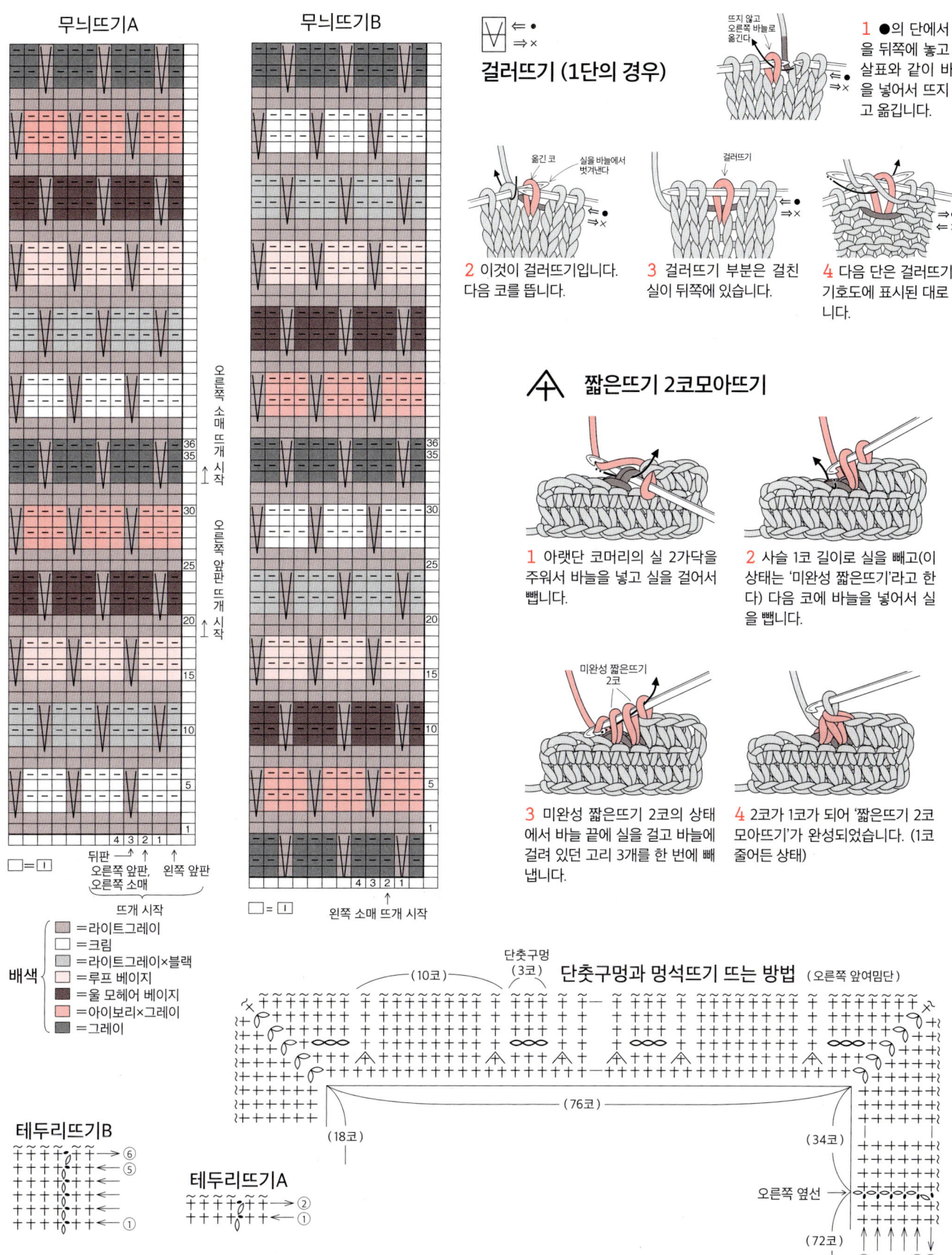

$\vee$ $\Leftarrow$ •
$\Rightarrow$ ×

### 걸러뜨기 (1단의 경우)

뜨지 않고
오른쪽 바늘로
옮긴다

**1** ●의 단에서 실을 뒤쪽에 놓고 화살표와 같이 바늘을 넣어서 뜨지 않고 옮깁니다.

옮긴 코    실을 바늘에서
          벗겨낸다

걸러뜨기

**2** 이것이 걸러뜨기입니다. 다음 코를 뜹니다.

**3** 걸러뜨기 부분은 걸친 실이 뒤쪽에 있습니다.

**4** 다음 단은 걸러뜨기를 기호도에 표시된 대로 뜹니다.

$\overline{\wedge}$ **짧은뜨기 2코모아뜨기**

**1** 아랫단 코머리의 실 2가닥을 주워서 바늘을 넣고 실을 걸어서 뺍니다.

**2** 사슬 1코 길이로 실을 빼고(이 상태는 '미완성 짧은뜨기'라고 한다) 다음 코에 바늘을 넣어서 실을 뺍니다.

미완성 짧은뜨기
2코

**3** 미완성 짧은뜨기 2코의 상태에서 바늘 끝에 실을 걸고 바늘에 걸려 있던 고리 3개를 한 번에 빼냅니다.

**4** 2코가 1코가 되어 '짧은뜨기 2코모아뜨기'가 완성되었습니다. (1코 줄어든 상태)

오른쪽 소매 뜨개 시작

오른쪽 앞판 뜨개 시작

36
35
30
25
20
15
10
5
1

4 3 2 1

□ = □

뒤판 →
오른쪽 앞판,
오른쪽 소매

← 왼쪽 앞판

뜨개 시작

36
35
30
25
20
15
10
5
1

4 3 2 1

□ = □
왼쪽 소매 뜨개 시작

배색
= 라이트그레이
= 크림
= 라이트그레이×블랙
= 루프 베이지
= 울 모헤어 베이지
= 아이보리×그레이
= 그레이

### 테두리뜨기B

⑥
⑤
①

### 테두리뜨기A

②
①

단춧구멍
(3코)

(10코)

### 단춧구멍과 멍석뜨기 뜨는 방법 (오른쪽 앞여밈단)

(76코)

(18코)

(34코)

오른쪽 옆선

(72코)

① ⑤⑥

91

# X 양 풀오버



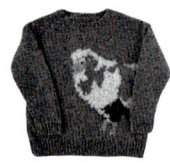

- **재료:** 퍼피 소프트 도니골, 브리티시 에로이카, 프리미티보, 유리카 모헤어(사용량은 표 참조)
- **완성 치수:** 가슴둘레 106㎝, 총길이 59.5㎝, 어깨너비 53㎝, 소매 길이 46.5㎝
- **도구:** 대바늘 9호, 7호
- **게이지:** 10㎝×10㎝ 메리야스뜨기, 배색무늬뜨기 16코 22단

- **뜨는 방법**

앞판과 뒤판은 일반적인 시작코를 만들어서 1코고무뜨기와 지정한 위치에서 세로 배색무늬뜨기로 뜹니다. 앞판과 뒤판에 수를 놓습니다. 소매는 몸판과 똑같이 일반적인 시작코를 만들어서 1코고무뜨기, 메리야스뜨기로 뜹니다. 어깨는 빼뜨기로 잇습니다. 목둘레는 코를 주워서 원통으로 1코고무뜨기합니다. 뜨개 끝부분은 1코고무뜨기하며 덮어씌워 코막음합니다. 소매는 코와 단 잇기로 몸판에 답니다. 옆선, 소매옆선은 실을 떠 올려서 꿰매 연결합니다.

## 배색무늬뜨기B

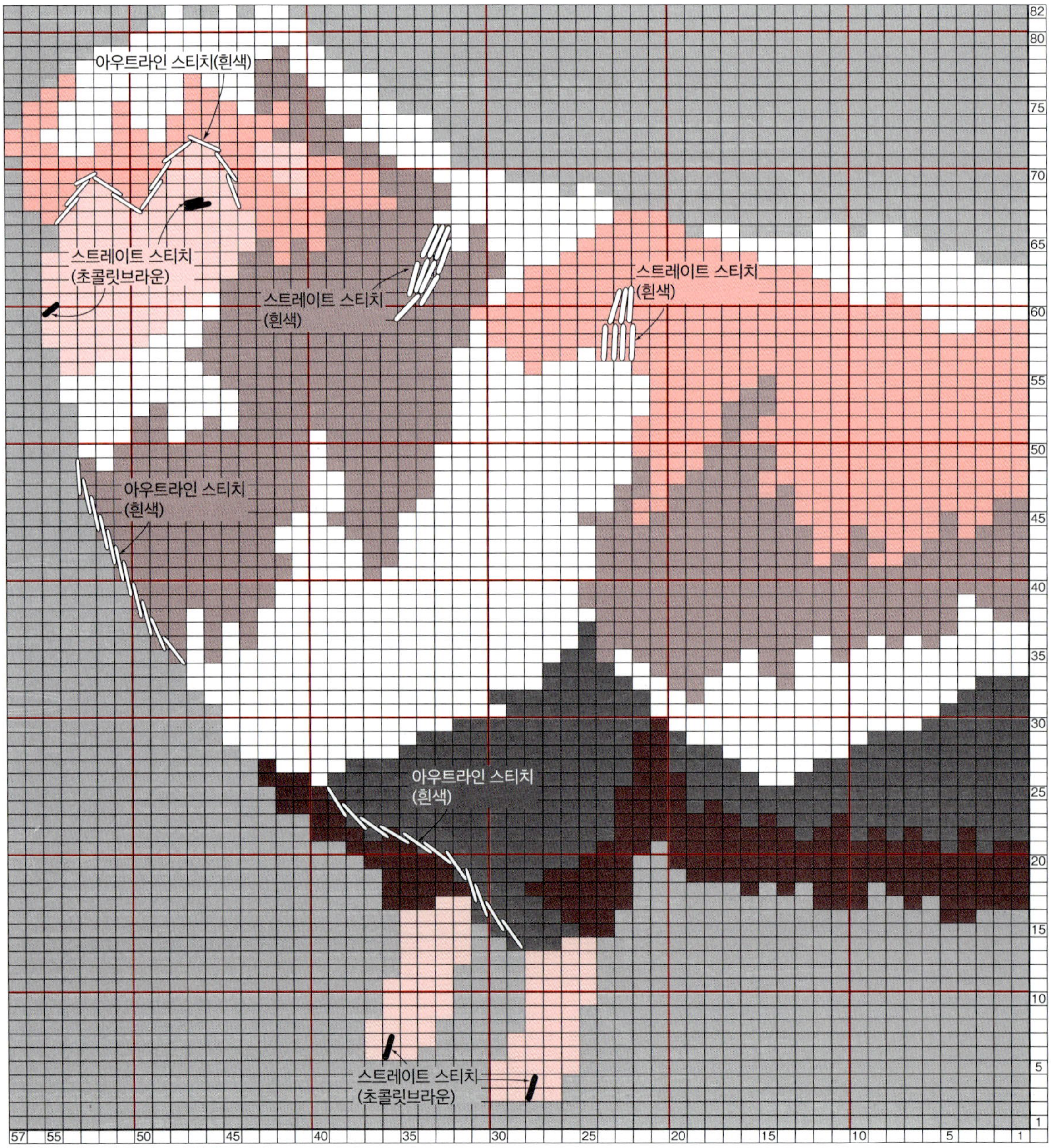

아우트라인 스티치(흰색)
스트레이트 스티치
(초콜릿브라운)
스트레이트 스티치
(흰색)
스트레이트 스티치
(흰색)
아우트라인 스티치
(흰색)
아우트라인 스티치
(흰색)
스트레이트 스티치
(초콜릿브라운)
82
80
75
70
65
60
55
50
45
40
35
30
25
20
15
10
5
1
57 55 50 45 40 35 30 25 20 15 10 5 1

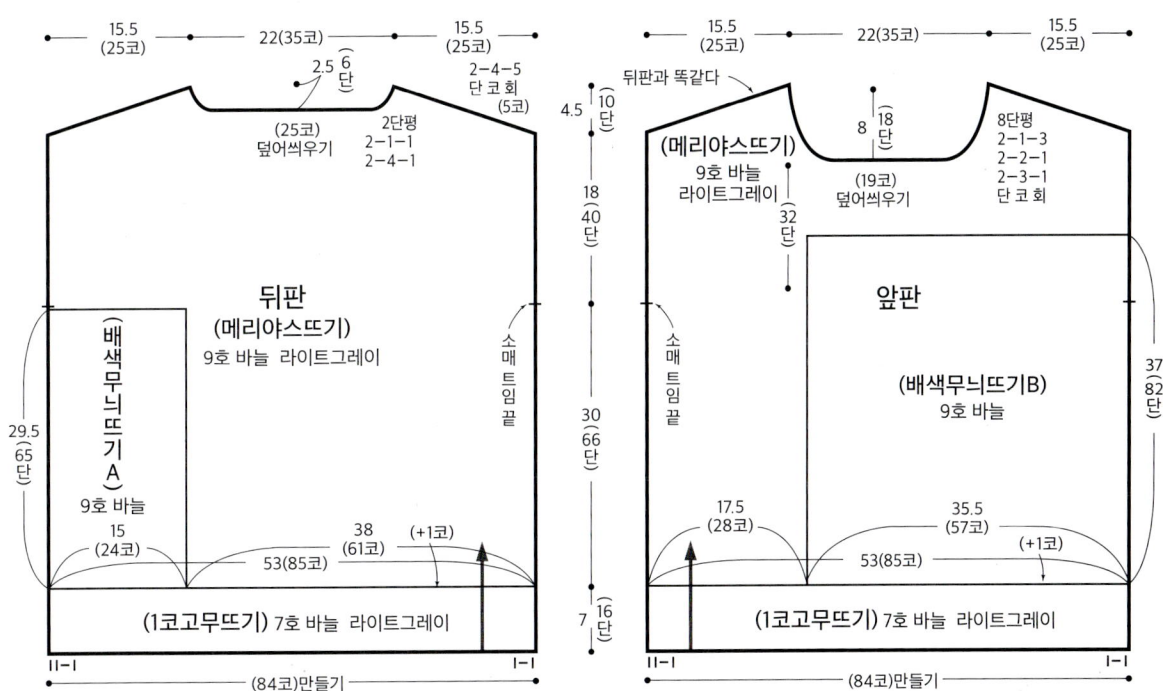

**뒤판 (back)**
- 15.5 (25코) ─ 22 (35코) ─ 15.5 (25코)
- 2.5 (6단)
- (25코) 덮어씌우기
- 2단평 / 2-1-1 / 2-4-1
- 2-4-5 단 코 회 (5회)
- 뒤판 (메리야스뜨기) 9호 바늘 라이트그레이
- (배색무늬뜨기 A) 9호 바늘
- 소매 트임 끝
- 29.5 (65단)
- 15 (24코)
- 38 (61코) (+1코)
- 53 (85코)
- (1코고무뜨기) 7호 바늘 라이트그레이
- II-I     I-I
- (84코)만들기

**앞판 (front)**
- 뒤판과 똑같다
- 15.5 (25코) ─ 22 (35코) ─ 15.5 (25코)
- 4.5 (10단)
- 8 (18단)
- 8단평 / 2-1-3 / 2-2-1 / 2-3-1 단 코 회
- (메리야스뜨기) 9호 바늘 라이트그레이
- (19코) 덮어씌우기
- 18 (40단)
- 32단
- 앞판
- (배색무늬뜨기B) 9호 바늘
- 소매 트임 끝
- 37 (82단)
- 30 (66단)
- 17.5 (28코)
- 35.5 (57코)
- 53 (85코) (+1코)
- 7 (16단)
- (1코고무뜨기) 7호 바늘 라이트그레이
- II-I     I-I
- (84코)만들기

### 배색무늬뜨기A

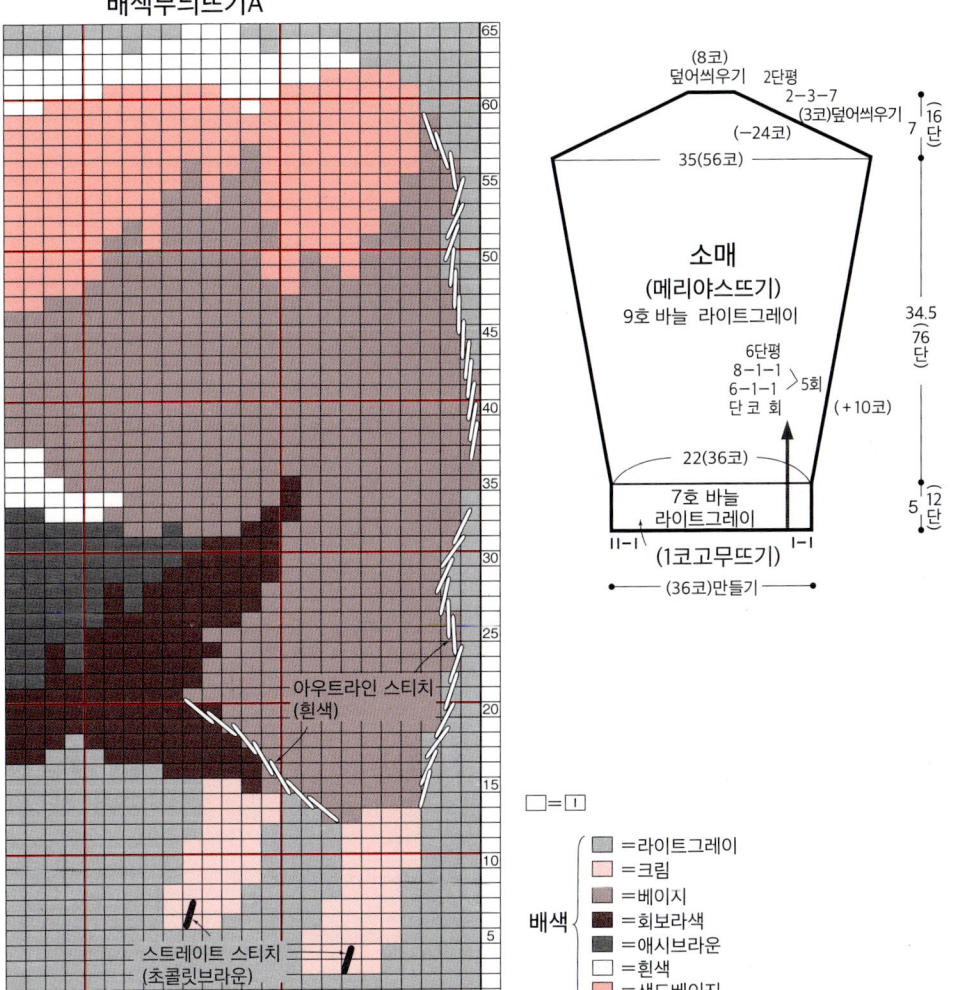

아웃라인 스티치 (흰색)

스트레이트 스티치 (초콜릿브라운)

□ = I  I

아웃라인 스티치는 53쪽, 스트레이트 스티치는 56쪽

**소매**
- (8코) 덮어씌우기 2단평
- 2-3-7 / (3코)덮어씌우기
- (-24코)
- 35 (56코)
- 7 (16단)
- 소매 (메리야스뜨기) 9호 바늘 라이트그레이
- 6단평 / 8-1-1 / 6-1-1 단 코 회 ⟩5회
- 34.5 (76단)
- (+10코)
- 22 (36코)
- 7호 바늘 라이트그레이
- 5 (12단)
- (1코고무뜨기)
- II-I     I-I
- (36코)만들기

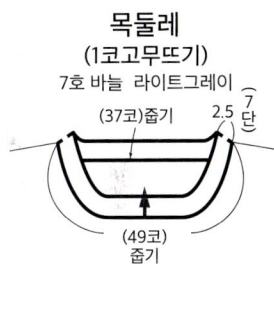

**목둘레**
(1코고무뜨기) 7호 바늘 라이트그레이
- (37코)줍기
- 2.5 (7단)
- (49코) 줍기

**배색**
- =라이트그레이
- =크림
- =베이지
- =회보라색
- =애시브라운
- =흰색
- =샌드베이지
- =초콜릿브라운

### 실 사용량

| 소프트 도니골 | |
| --- | --- |
| 라이트그레이(5204) | 335g |
| **브리티시 에로이카** | |
| 베이지(143) | 25g |
| 크림(134) | 10g |
| 애시브라운(173) | 10g |
| 초콜릿브라운(208) | 소량 |
| **프리미티보** | |
| 흰색(102) | 25g |
| **유리카 모헤어** | |
| 회보라색(311) | 10g |
| 샌드베이지(302) | 10g |

# W 토끼무늬 조끼

- 재료: 퍼피 셰틀랜드 그레이(30) 190g, 연지색(23) 130g, 지름 1.8㎝ 단추 4개
- 완성 치수: 가슴둘레 87㎝, 어깨너비 36㎝, 총길이 52㎝
- 도구: 대바늘 6호, 4호
- 게이지: 10㎝×10㎝ 배색무늬뜨기 21코 24단

**• 뜨는 방법**

앞판과 뒤판은 일반적인 시작코를 만들어서 무늬뜨기, 배색무늬뜨기로 뜹니다. 가로 배색무늬뜨기합니다(44쪽 참조). 실을 5코 이상 걸칠 때는 다음 단에서 걸친 실을 함께 떠서 고정합니다(45쪽 참조). 어깨는 빼뜨기로 잇고 옆선은 실을 떠 올려서 꿰매 연결합니다. 앞여밈단과 목둘레는 코를 주워서 무늬뜨기합니다. 뜨개 끝부분은 무늬를 뜨며 덮어씌워 코막음합니다. 진동둘레는 코를 주워서 원통으로 무늬뜨기합니다. 뜨개 끝부분은 무늬를 뜨며 덮어씌워 코막음합니다.

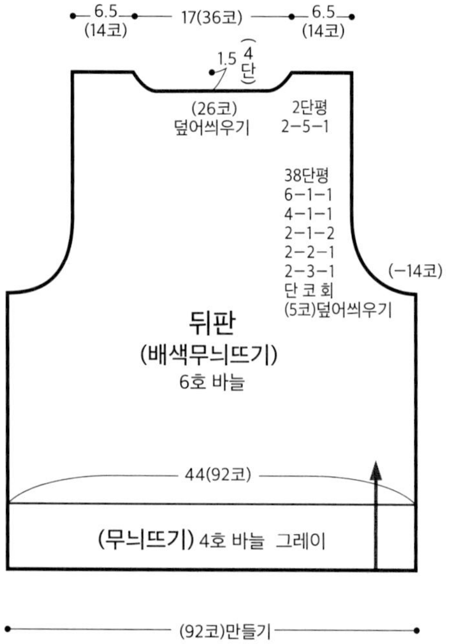

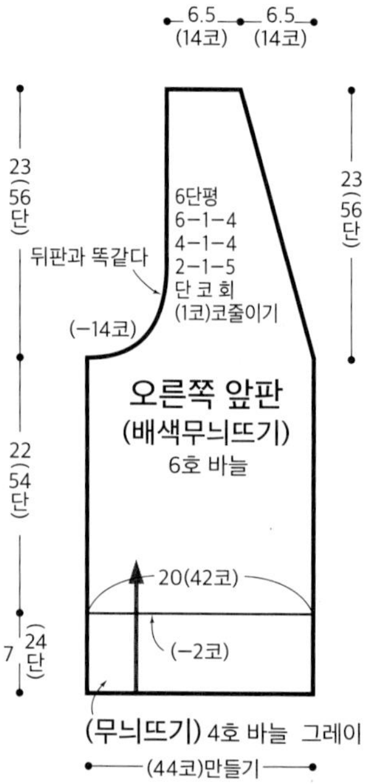

### 뒤판 (배색무늬뜨기) 6호 바늘

- 6.5(14코) · 17(36코) · 6.5(14코)
- 1.5 / 4단
- (26코) 덮어씌우기
- 2단평 2-5-1
- 38단평
  6-1-1
  4-1-1
  2-1-2
  2-2-1
  2-3-1
  단 코 회
  (5코)덮어씌우기
- (−14코)
- 44(92코)
- (무늬뜨기) 4호 바늘 그레이
- (92코)만들기
- 23(56단)
- 뒤판과 똑같다
- 22(54단)
- 7(24단)

### 오른쪽 앞판 (배색무늬뜨기) 6호 바늘

- 6.5(14코) · 6.5(14코)
- 6단평
  6-1-4
  4-1-4
  2-1-5
  단 코 회
  (1코)코줄이기
- 23(56단)
- (−14코)
- 20(42코)
- (−2코)
- (무늬뜨기) 4호 바늘 그레이
- (44코)만들기
- ※왼쪽 앞판은 오른쪽 앞판과 좌우대칭으로 뜬다

### 무늬뜨기

□ = □
■ = 그레이

6 5 — 1
진동둘레 — 밑단, 목둘레, 앞여밈단
뜨개 시작

### 목둘레, 앞여밈단, 진동둘레 (무늬뜨기)
4호 바늘 그레이

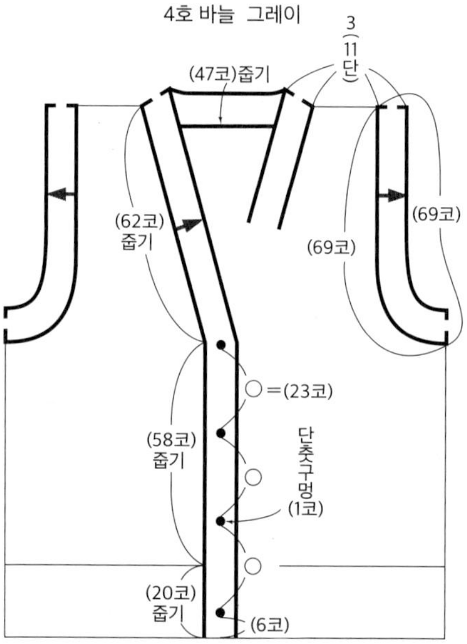

- (47코)줍기
- 3(11단)
- (62코)줍기
- (69코)
- (69코)
- ○ =(23코)
- 단춧구멍 (1코)
- (58코)줍기
- (20코)줍기
- (6코)

### 단춧구멍 (오른쪽 앞여밈단)

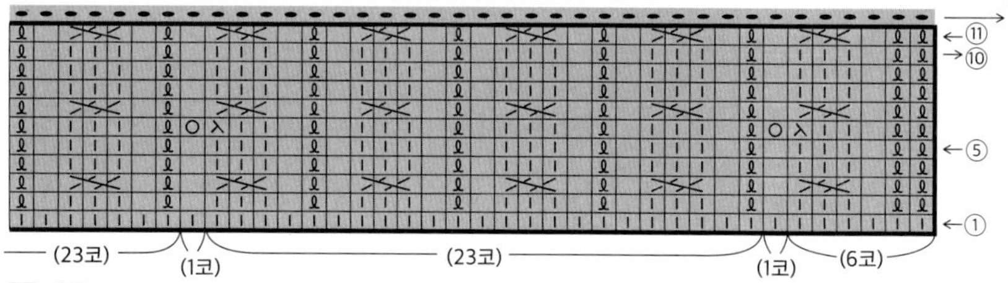

- 무늬를 뜨며 덮어씌워 코막기
- ⑪
- ⑩
- ⑤
- ①
- (23코) (1코) (23코) (1코) (6코)

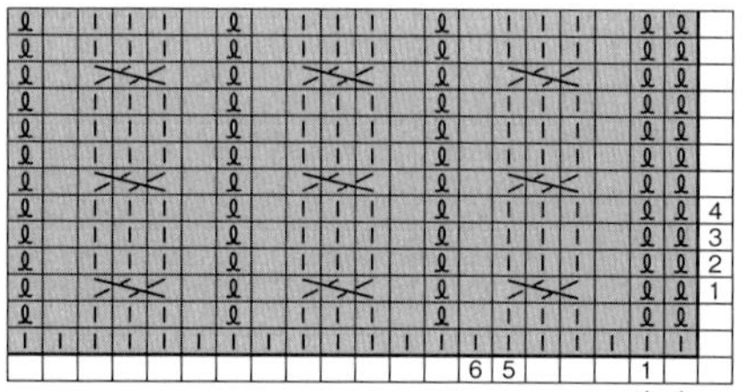

□ = □
■ = 그레이

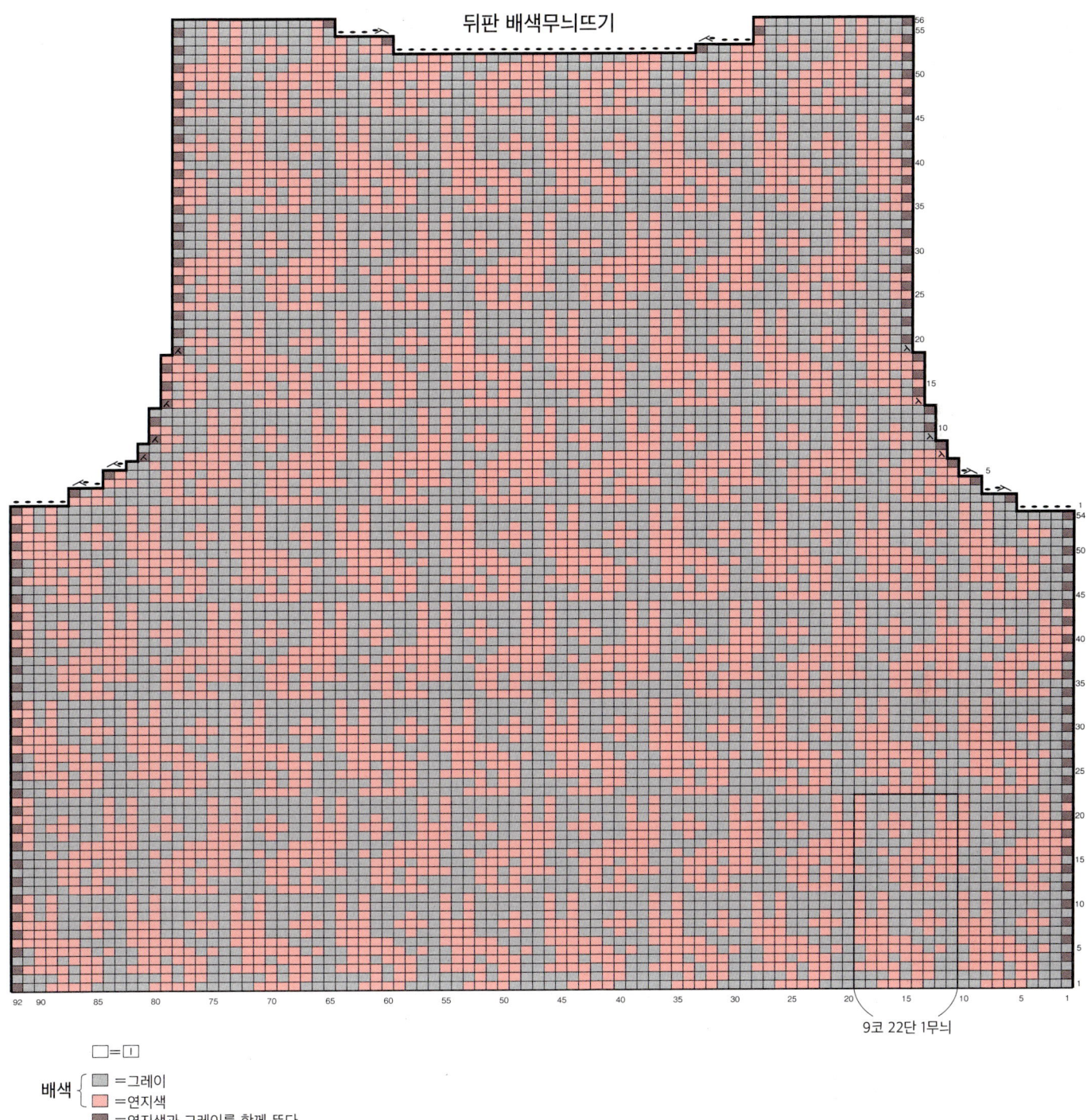

뒤판 배색무늬뜨기

9코 22단 1무늬

□=ﾛ

배색 { ■=그레이
■=연지색
■=연지색과 그레이를 함께 뜬다

다음 페이지에 계속 ▶

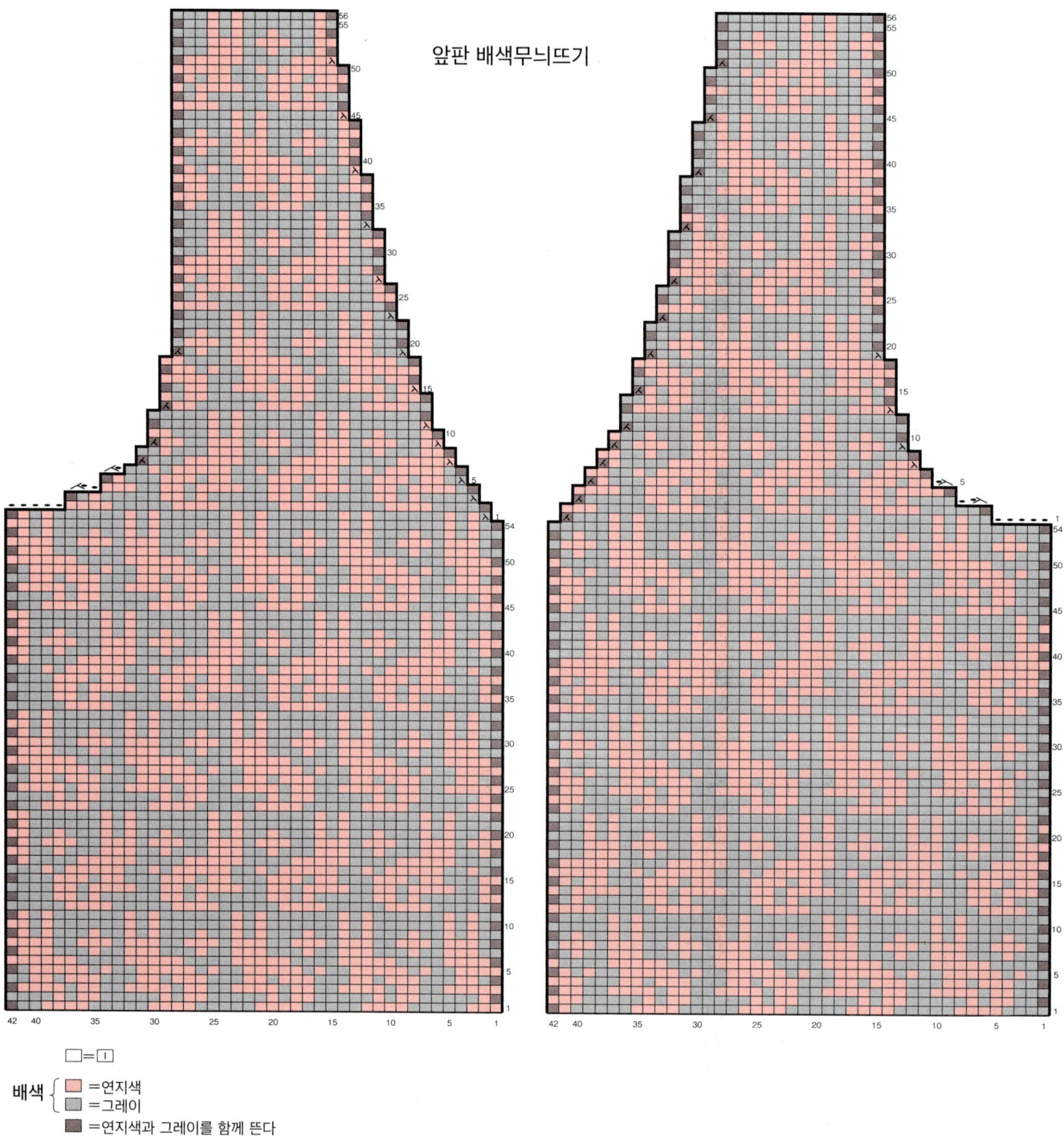

앞판 배색무늬뜨기

□=□

배색 { 　=연지색
　　　=그레이
　=연지색과 그레이를 함께 뜬다

# S 꽃무늬 핸드워머

Page 31

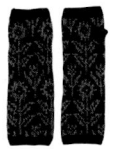

- **재료:** 리치모어 퍼센트 보라색(50) 40g, 카멜(116) 25g
- **완성 치수:** 손바닥둘레 20㎝, 총길이 27㎝
- **도구:** 대바늘 6호
- **게이지:** 10㎝×10㎝ 배색무늬뜨기 24코 24.5단

- **뜨는 방법**

일반적인 시작코를 만들어서 원통으로 1코고무뜨기, 배색무늬뜨기합니다. 배색무늬뜨기는 가로 배색무늬뜨기로 뜹니다. 엄지 위치에서 다른 실을 떠 넣어 놓습니다. 뜨개 끝부분은 1코고무뜨기하며 덮어씌워 코막음합니다. 엄지의 다른 실을 풀어내서 코를 줍고 원통으로 1코고무뜨기합니다. 뜨개 끝부분은 1코고무뜨기하며 덮어씌워 코막음합니다.

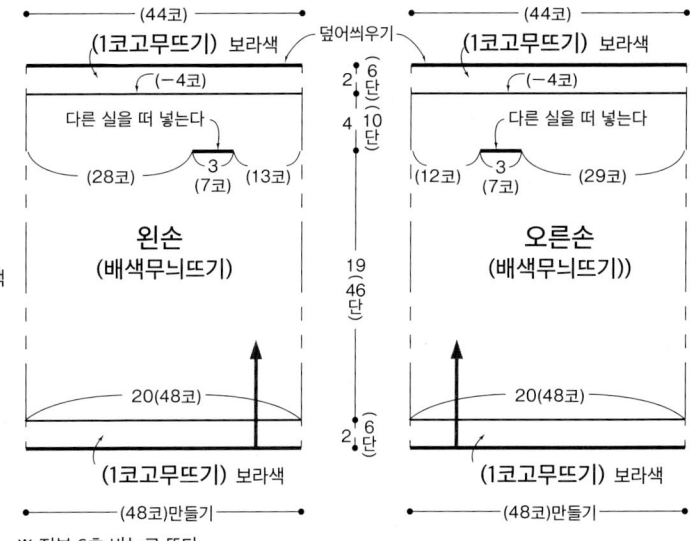

엄지
(1코고무뜨기) 보라색
덮어씌우기
3
8단
(16코) 줍기
(44코)
(1코고무뜨기) 보라색
덮어씌우기
(−4코)
다른 실을 떠 넣는다
(28코)
3
(7코)
(13코)
왼손
(배색무늬뜨기)
20(48코)
(1코고무뜨기) 보라색
(48코)만들기
2 6단
4 10단
19 (46단)
2 6단
(44코)
(1코고무뜨기) 보라색
(−4코)
다른 실을 떠 넣는다
(12코)
3
(7코)
(29코)
오른손
(배색무늬뜨기))
20(48코)
(1코고무뜨기) 보라색
(48코)만들기


※ 전부 6호 바늘로 뜬다

## 핸드워머 뜨는 방법

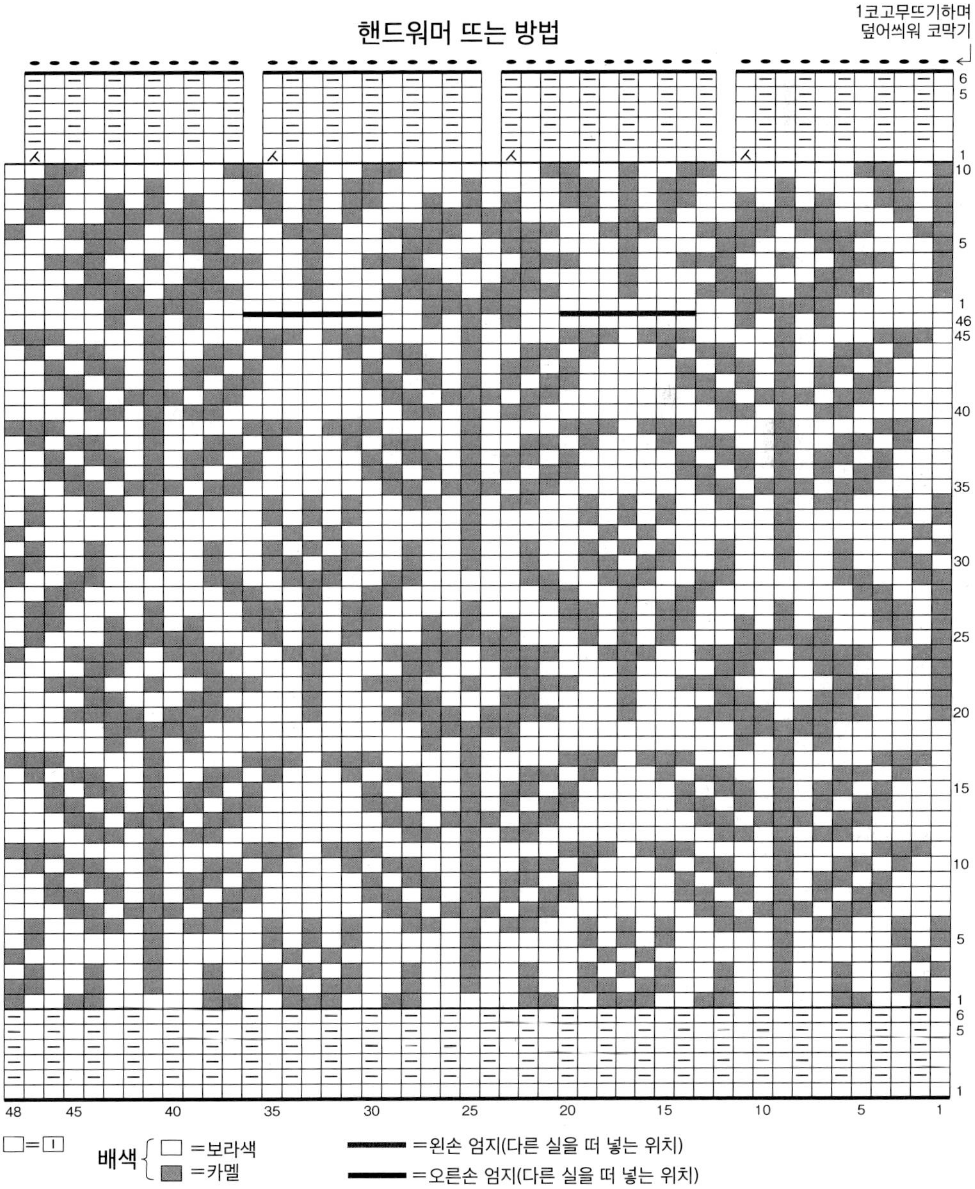

1코고무뜨기하며 덮어씌워 코막기
6
5
1
10
5
1
46
45
40
35
30
25
20
15
10
5
1
6
5
1
48
45
40
35
30
25
20
15
10
5
1
□=⊡
배색 { □ =보라색 ■ =카멜
=왼손 엄지(다른 실을 떠 넣는 위치)
=오른손 엄지(다른 실을 떠 넣는 위치)

# D 메리야스뜨기 무늬 조끼

Page11

- **재료**: 퍼피 브리티시파인 라이트베이지(021) 130g, 베이지(024) 65g
- **완성 치수**: 가슴둘레 102㎝, 총길이 55㎝, 어깨너비 55㎝(소맷단 2㎝ 양쪽 포함)
- **도구**: 대바늘 4호, 3호
- **게이지**: 10㎝×10㎝ 배색무늬뜨기 24코 26단

## ● 뜨는 방법

일반적인 시작코를 만들어서 뜹니다. 배색무늬뜨기는 가로 배색무늬뜨기로 뜹니다. 어깨를 빼뜨기로 이은 뒤 소맷단의 2코고무뜨기를 왕복으로 떠서 느슨하게 덮어씌워 코막음합니다. 옆선과 소맷단은 이어서 실을 떠 올려 꿰매 연결합니다. 목둘레는 코를 주워서 원통으로 2코고무뜨기합니다. 뜨개 끝부분은 느슨하게 덮어씌워 코막음합니다. 목둘레, 소맷단은 안쪽으로 접은 뒤 코를 주운 위치에 감침질해서 두 겹으로 만듭니다.

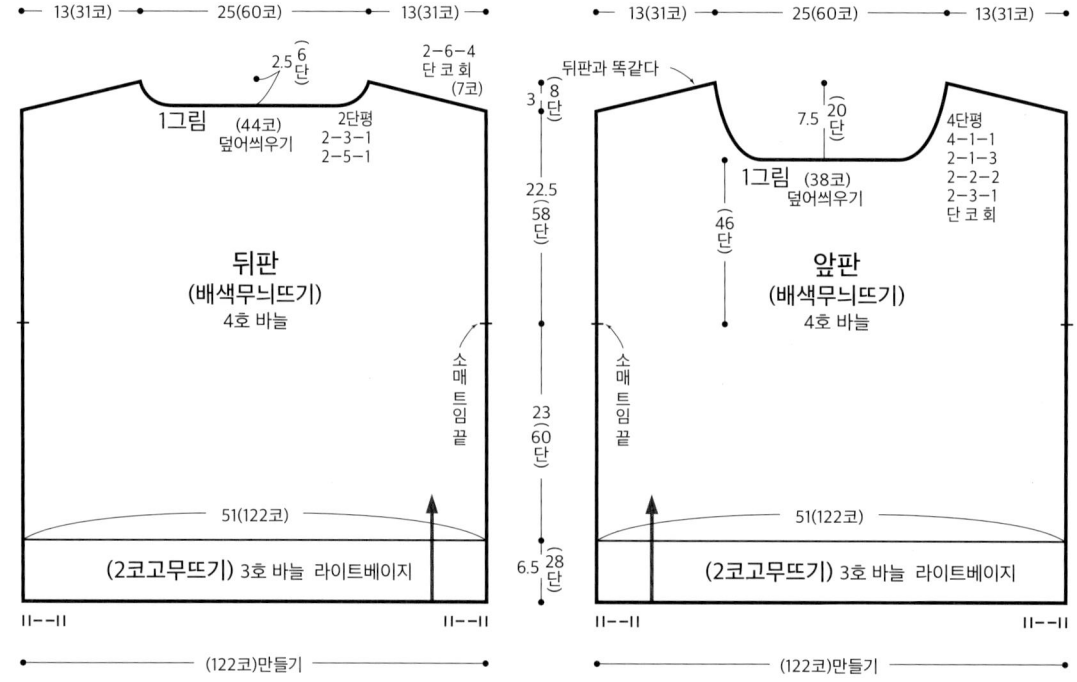

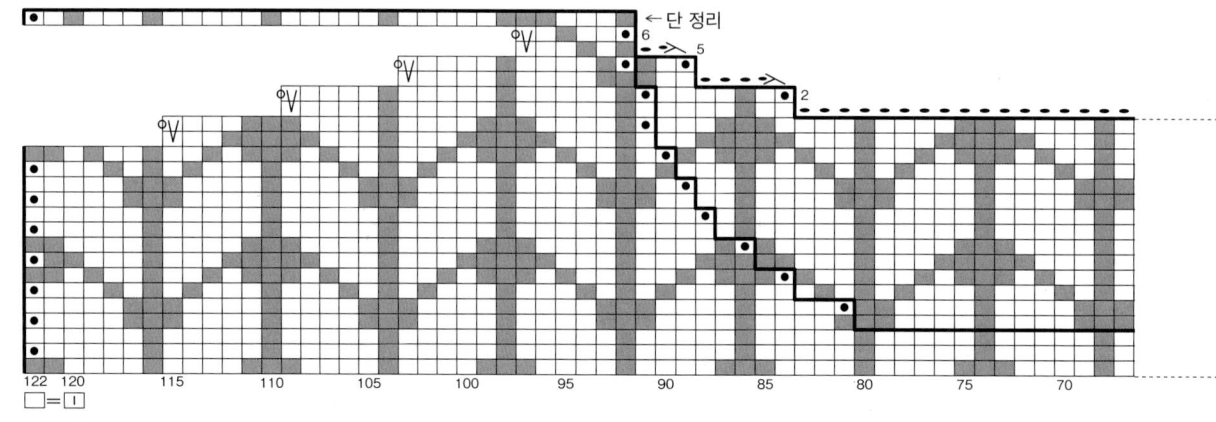

배색 {
=베이지
=라이트베이지
=베이지와 라이트베이지를 함께 뜬다

□=|

## 목둘레
### (2코고무뜨기 2겹)
4호 바늘 라이트베이지

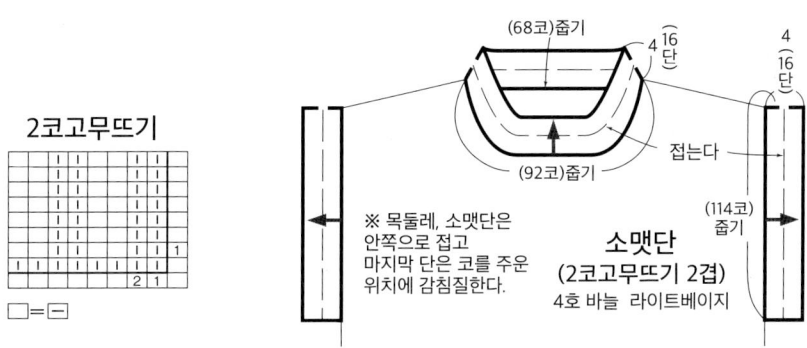

## 2코고무뜨기

### 소맷단
### (2코고무뜨기 2겹)
4호 바늘 라이트베이지

※ 목둘레, 소맷단은
안쪽으로 접고
마지막 단은 코를 주운
위치에 감침질한다.

□=⊟

## 배색무늬뜨기

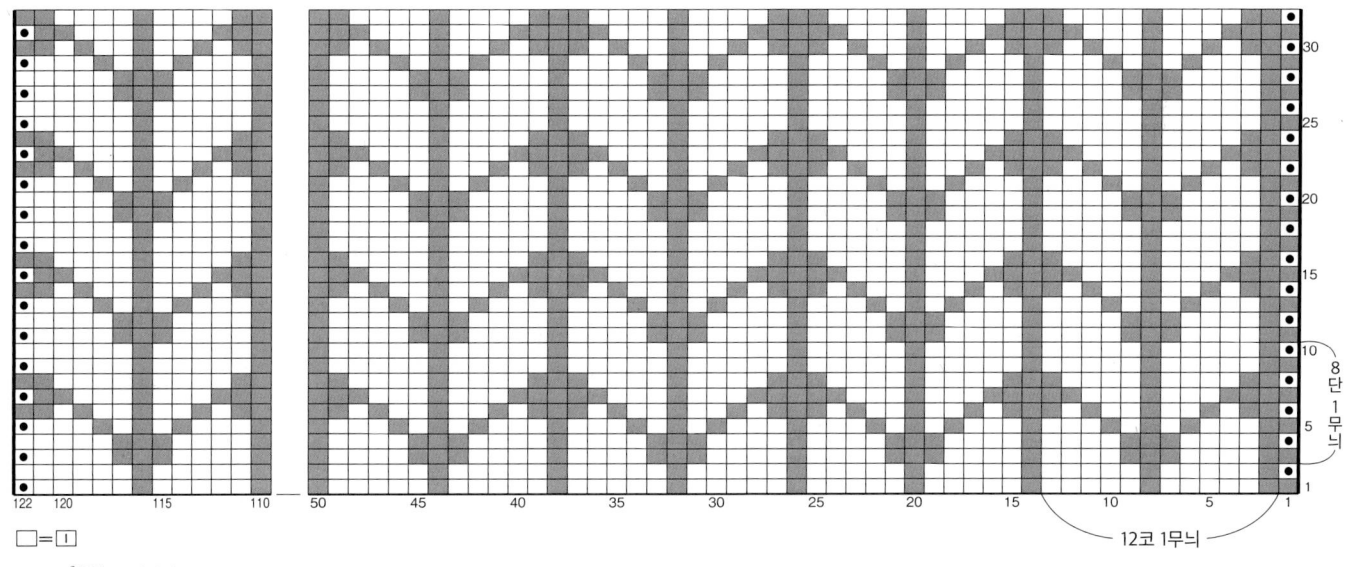

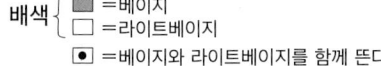
□=Ⅱ

배색 { ▨ =베이지
□ =라이트베이지 }
⊡ =베이지와 라이트베이지를 함께 뜬다

## 1그림 목둘레(앞뒤)

▷ =실을 연결한다

중심

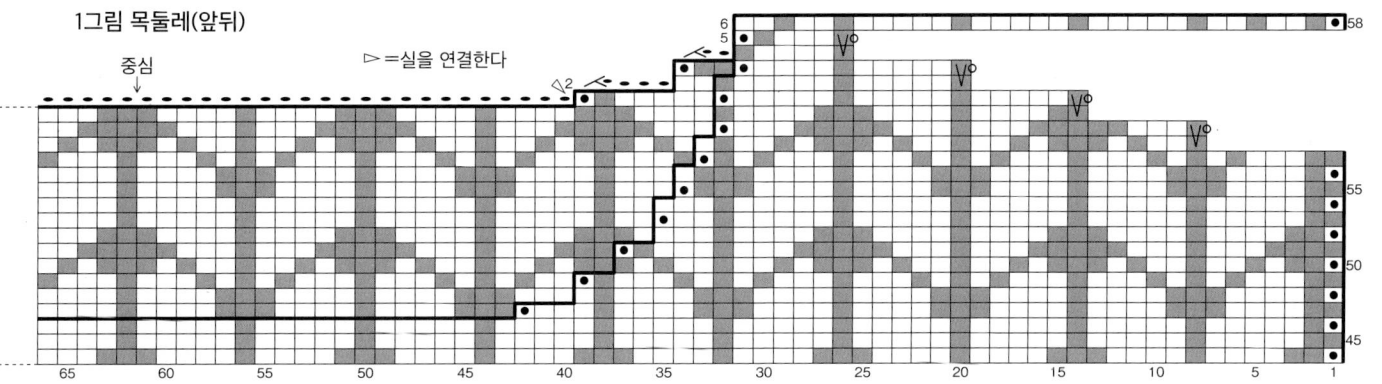

# R  꽃무늬 요크 풀오버

Page30

- **재료:** 리치모어 퍼센트 녹색(104) 260g, 오렌지(86) 140g
- **완성 치수:** 가슴둘레 90㎝, 총길이 59㎝, 어깨너비 60㎝, 소매길이 45㎝
- **도구:** 대바늘 6호, 4호
- **게이지:** 10㎝×10㎝ 배색무늬뜨기 23코 24단

● **뜨는 방법**

풀어내는 시작코를 만들어서 목둘레부터 요크 부분까지 원통으로 뜹니다. 전체를 가로 배색무늬뜨기로 뜹니다. 실을 7코 이상 걸칠 때는 다음 단에서 걸친 실을 함께 떠서 고정합니다. 요크 부분을 다 뜨고 나면 뒤판의 앞뒤 단차를 왕복뜨기합니다. 좌우 소매의 코는 쉼코로 둡니다. 겨드랑이 아랫부분은 풀어내는 시작코를 만들어 앞뒤 몸판을 이어서 원통으로 뜹니다. 밑단은 이어서 2코고무뜨기하고 뜨개 끝부분은 2코고무뜨기하며 덮어씌워 코막음합니다. 소매는 겨드랑이 아랫부분의 시작코를 풀어서 코를 줍고 요크 부분의 쉼코와 앞뒤 단차에서 코를 주워 원통으로 뜹니다. 소맷단은 밑단과 똑같은 요령으로 뜹니다. 목둘레는 시작코를 풀어서 코를 줍고 원통으로 2코 고무뜨기합니다. 뜨개 끝부분은 밑단과 똑같은 요령으로 뜹니다.

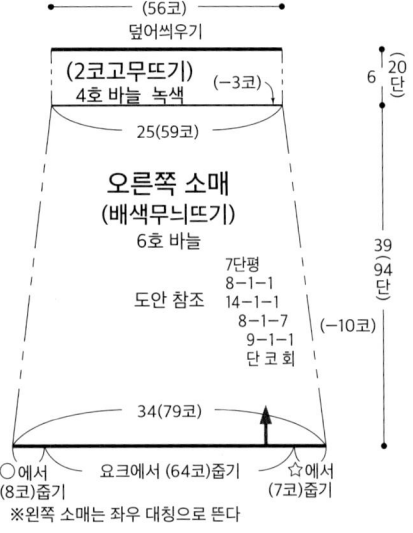

(56코)
덮어씌우기

(2코고무뜨기)
4호 바늘 녹색    (−3코)

6 { 20단

25(59코)

## 오른쪽 소매
(배색무늬뜨기)
6호 바늘

도안 참조

7단평
8−1−1
14−1−1
8−1−7
9−1−1
단 코 회

39 { 94단

(−10코)

34(79코)

○에서
(8코)줍기     요크에서 (64코)줍기     ☆에서
(7코)줍기

※왼쪽 소매는 좌우 대칭으로 뜬다

### 2코고무뜨기

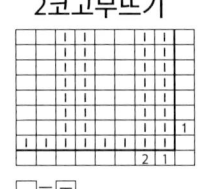

□ = −

(104코)
덮어씌우기

(2코고무뜨기) 4호 바늘 녹색

9 { 30단

이어서 뜬다

## 뒤판
(배색무늬뜨기)
6호 바늘

28.5 { 68단

45(104코)

(4코)
만들기     요크에서 (96코)줍기     (4코)
만들기

3 { 8단

(104코)
덮어씌우기

(2코고무뜨기) 4호 바늘 녹색

## 앞판
(배색무늬뜨기)
6호 바늘

45(104코)

(4코)
만들기     요크에서 (96코)줍기     (4코)
만들기

뒤판, 앞판에서
각각 (96코)줍기

전체 140(320코)

오른쪽 소매 (64코)
쉼코

## 요크
(배색무늬뜨기)
6호 바늘

왼쪽 소매 (64코)
쉼코

분산 코늘리기
(+180코)
도안 참조

18.5 { 44단

60(140코)
만들기

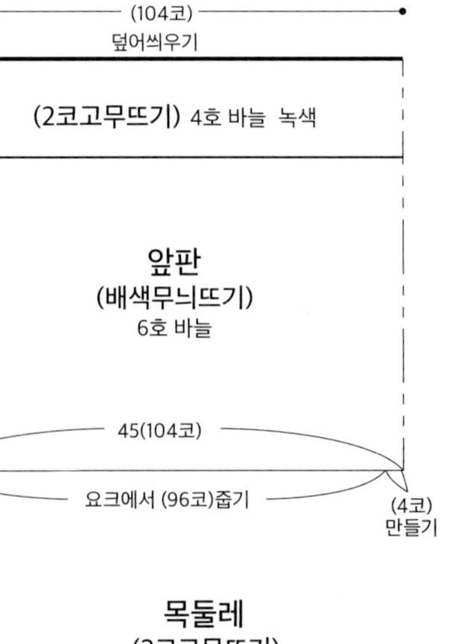

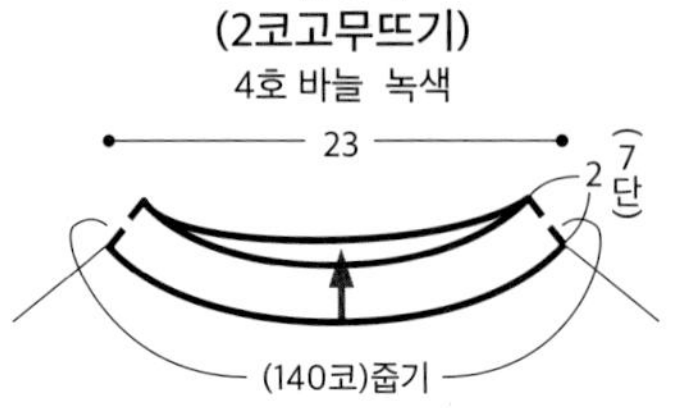

## 목둘레
(2코고무뜨기)
4호 바늘 녹색

23

2 { 7단

(140코)줍기

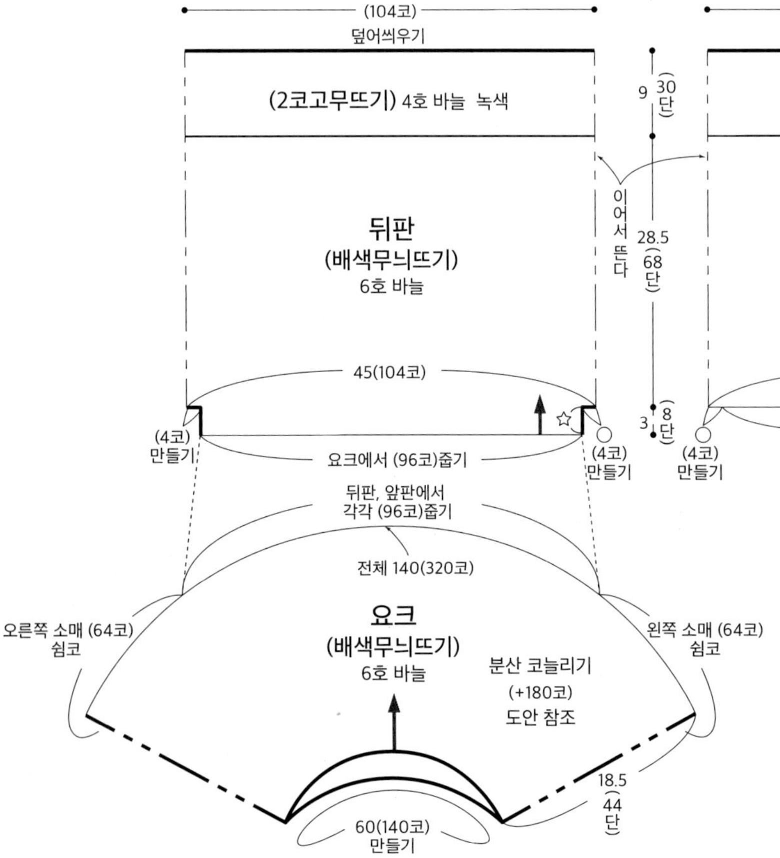

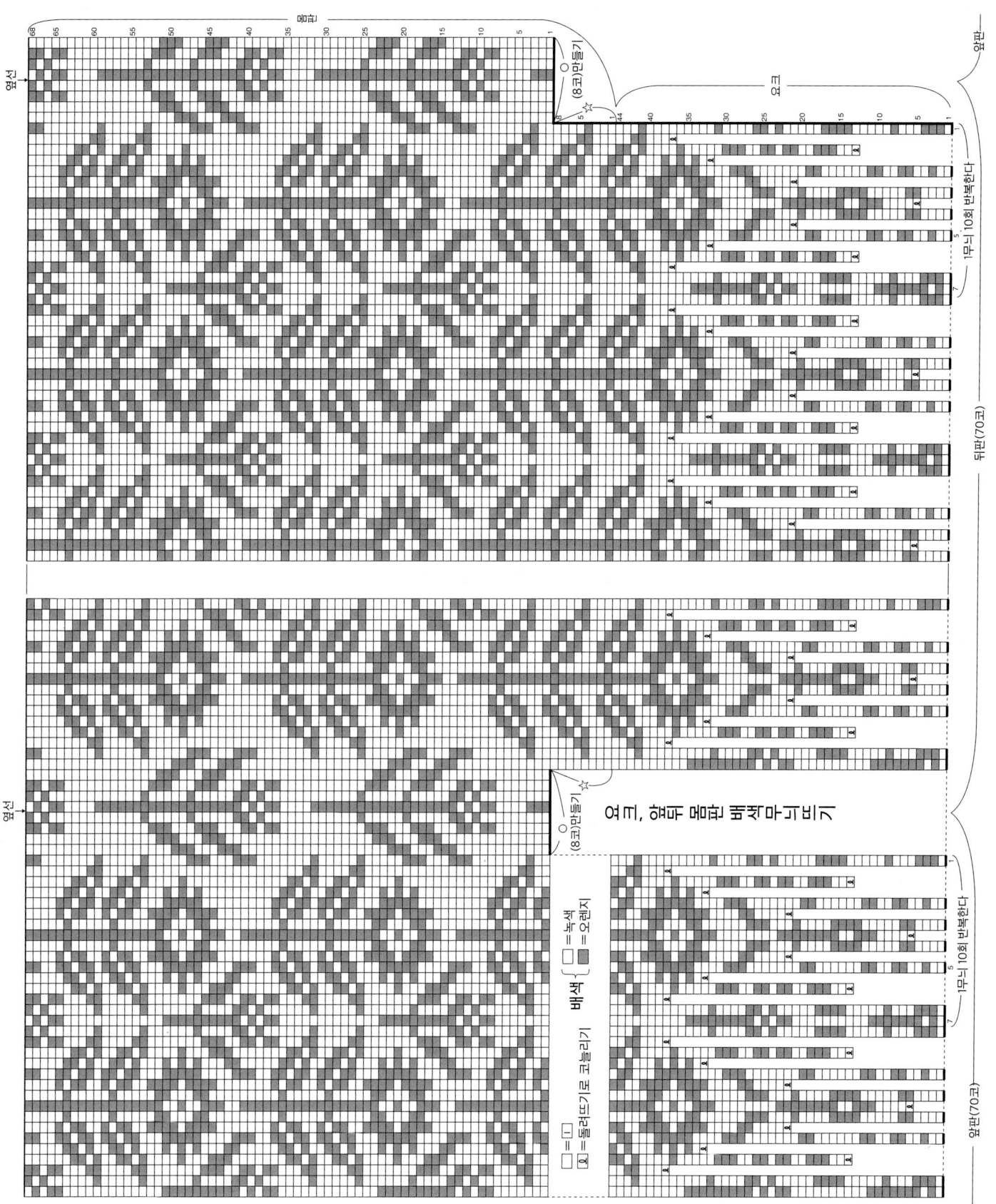

오른쪽 소매 뜨는 방법

왼쪽 소매 뜨는 방법

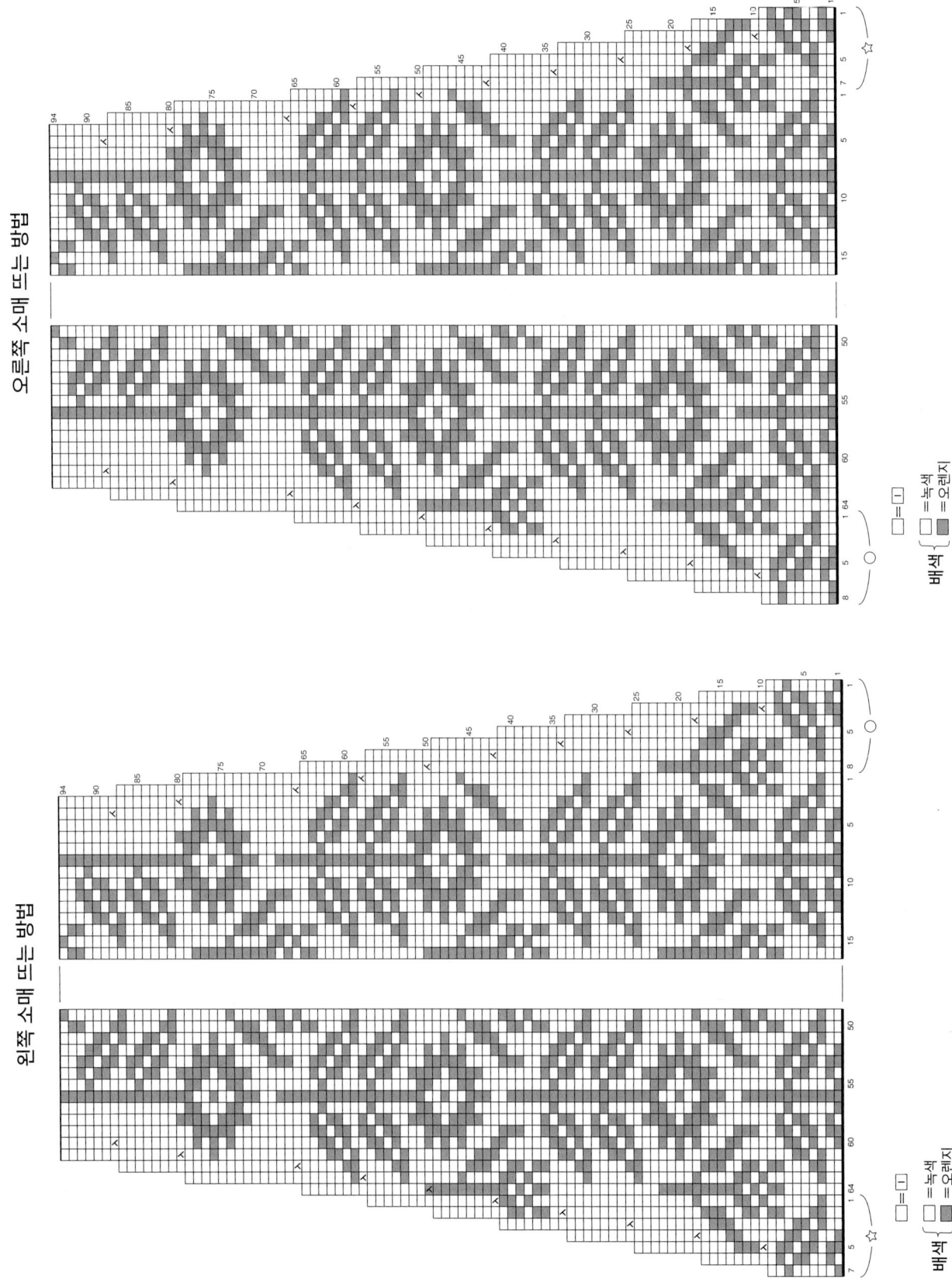

배색 { □ =녹색  ■ =오렌지 }
□ =ㅣ

배색 { □ =녹색  ■ =오렌지 }
□ =ㅣ

# TECHNIQUE GUIDE

## 뜨개 도안 보는 방법

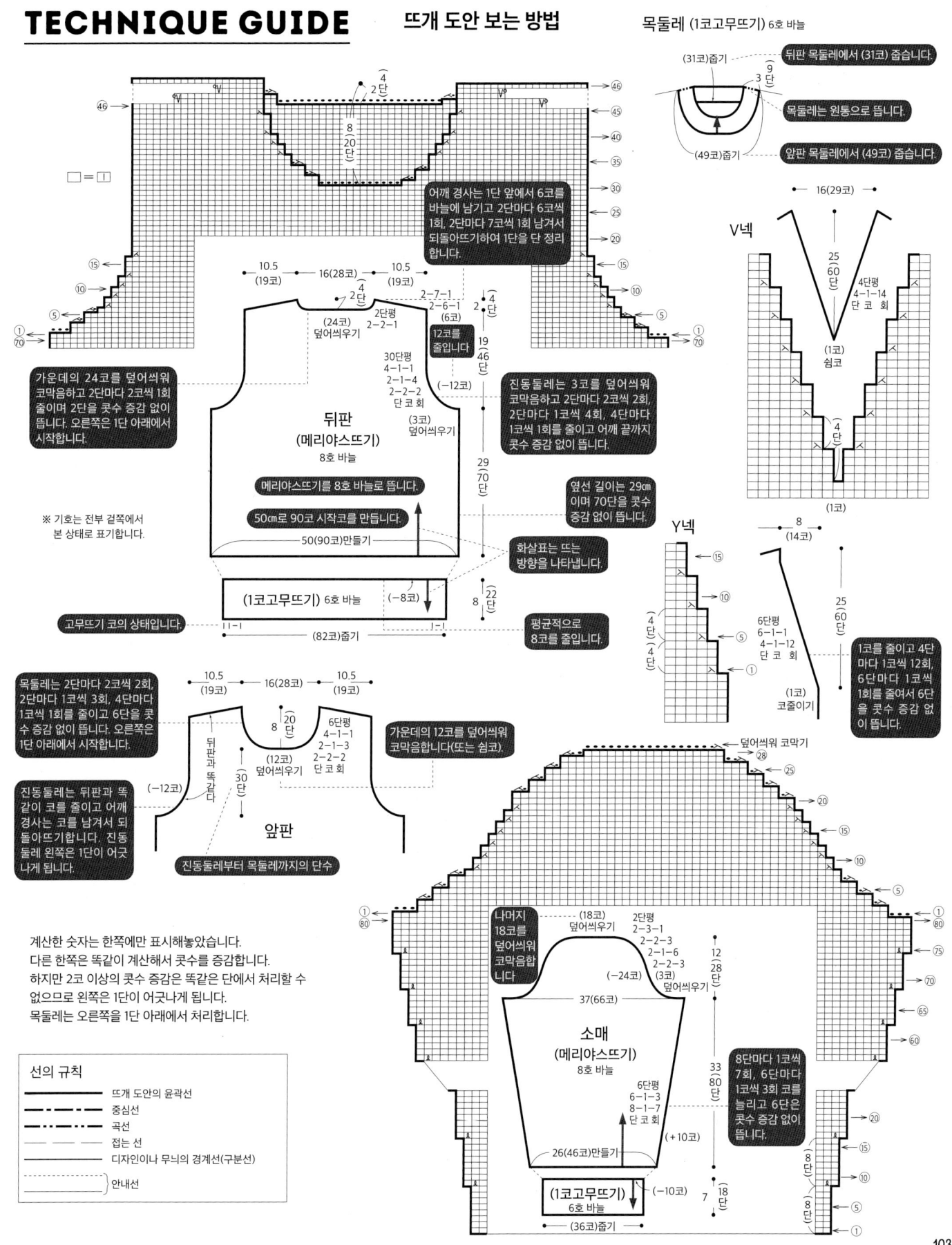

목둘레 (1코고무뜨기) 6호 바늘

(31코)줄기 뒤판 목둘레에서 (31코) 줍니다.
9
3 단
목둘레는 원통으로 뜹니다.
(49코)줍기 앞판 목둘레에서 (49코) 줍습니다.

16(29코)

V넥
25
(60단)
4단평
4-1-14
단 코 회
(1코)
쉼코
4
단
(1코)

어깨 경사는 1단 앞에서 6코를 바늘에 남기고 2단마다 6코씩 1회, 2단마다 7코씩 1회 남겨서 되돌아뜨기하여 1단을 단 정리합니다.

10.5
(19코)
16(28코)
10.5
(19코)
4
2 단
2-7-1
2-6-1
2-2-1
(24코)
덮어씌우기
2단평
2-2-1
12코를
줄입니다
2
4
단
19
(46단)

30단평
4-1-1
2-1-4
2-2-2
단 코 회
(3코)
덮어씌우기

뒤판
(메리야스뜨기)
8호 바늘

메리야스뜨기를 8호 바늘로 뜹니다.

50cm로 90코 시작코를 만듭니다.

29
(70단)

가운데의 24코를 덮어씌워 코막음하고 2단마다 2코씩 1회 줄이며 2단을 콧수 증감 없이 뜹니다. 오른쪽은 1단 아래에서 시작합니다.

진동 둘레는 3코를 덮어씌워 코막음하고 2단마다 2코씩 2회, 2단마다 1코씩 4회, 4단마다 1코씩 1회를 줄이고 어깨 끝까지 콧수 증감 없이 뜹니다.

옆선 길이는 29cm이며 70단을 콧수 증감 없이 뜹니다.

※ 기호는 전부 겉쪽에서 본 상태로 표기합니다.

50(90코)만들기

화살표는 뜨는 방향을 나타냅니다.

(1코고무뜨기) 6호 바늘

(−8코)

8
22
(단)

고무뜨기 코의 상태입니다.

(82코)줄기

평균적으로 8코를 줄입니다.

Y넥
8
(14코)

15
10
4
단
4
단
6단평
6-1-1
4-1-12
단 코 회
5
1
(1코)
코줄이기

25
(60단)

1코를 줄이고 4단마다 1코씩 12회, 6단마다 1코씩 1회를 줄여서 6단을 콧수 증감 없이 뜹니다.

목둘레는 2단마다 2코씩 2회, 2단마다 1코씩 3회, 4단마다 1코씩 1회를 줄이고 6단을 콧수 증감 없이 뜹니다. 오른쪽은 1단 아래에서 시작합니다.

10.5
(19코)
16(28코)
10.5
(19코)
8
20
(단)
6단평
4-1-1
2-1-3
2-2-2
단 코 회

뒤판과 똑같다

(12코)
덮어씌우기

가운데의 12코를 덮어씌워 코막음합니다(또는 쉼코).

진동 둘레는 뒤판과 똑같이 코를 줄이고 어깨 경사는 코를 남겨서 되돌아뜨기합니다. 진동 둘레 왼쪽은 1단이 어긋나게 됩니다.

앞판

진동둘레부터 목둘레까지의 단수

(30단)
(−12코)

덮어씌워 코막기
28
25
20
15
10
5

계산한 숫자는 한쪽에만 표시해놓았습니다.
다른 한쪽은 똑같이 계산해서 콧수를 증감합니다.
하지만 2코 이상의 콧수 증감은 똑같은 단에서 처리할 수 없으므로 왼쪽은 1단이 어긋나게 됩니다.
목둘레는 오른쪽을 1단 아래에서 처리합니다.

나머지 18코를 덮어씌워 코막음합니다

(18코)
덮어씌우기
2단평
2-3-1
2-2-3
2-1-6
2-2-3
단 코 회
(−24코)

37(66코)

소매
(메리야스뜨기)
8호 바늘

8단마다 1코씩 7회, 6단마다 1코씩 3회 코를 늘리고 6단은 콧수 증감 없이 뜹니다.

12
(28단)
80
75
70
65
60

33
(80단)

6단평
6-1-3
8-1-7
단 코 회

26(46코)만들기

(+10코)

20
15
8
단
10
8
단
5

(1코고무뜨기)
6호 바늘

(−10코)

7
8
(18단)

(36코)줄기

## 선의 규칙

| | |
|---|---|
| ——— | 뜨개 도안의 윤곽선 |
| —··—··— | 중심선 |
| —·—·—· | 곡선 |
| – – – | 접는 선 |
| ——— | 디자인이나 무늬의 경계선(구분선) |
| ·······} | 안내선 |

103

## 일반적인 시작코(손가락에 걸어서 만드는 시작코)

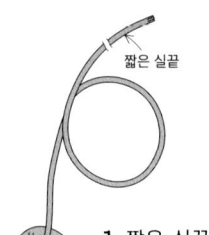

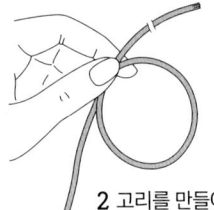

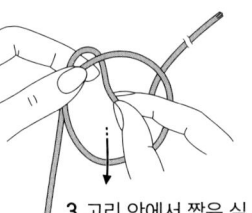

짧은 실끝

**1** 짧은 실끝은 뜰 편물 너비의 3배 정도 남깁니다.

**2** 고리를 만들어서 왼손으로 교차점을 누릅니다.

**3** 고리 안에서 짧은 실끝을 빼냅니다.

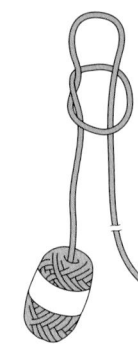

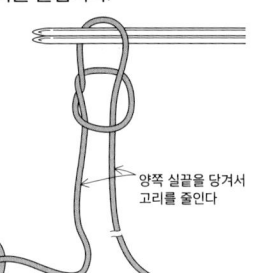

**5** 작은 고리 안에 대바늘 2개를 넣고 양쪽의 실끝을 당겨서 고리를 줄입니다.

**4** 빼낸 실로 작은 고리를 만듭니다.

양쪽 실끝을 당겨서 고리를 줄인다

검지에 건다    엄지에 건다

**6** 1코가 완성되었습니다. 짧은 실은 엄지, 긴 실은 검지에 겁니다.

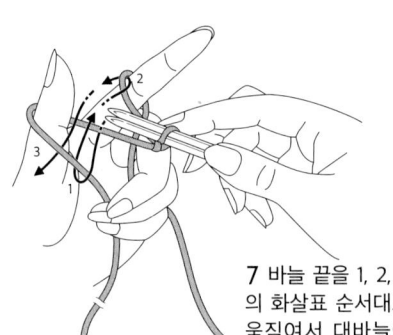

**7** 바늘 끝을 1, 2, 3의 화살표 순서대로 움직여서 대바늘에 실을 겁니다.

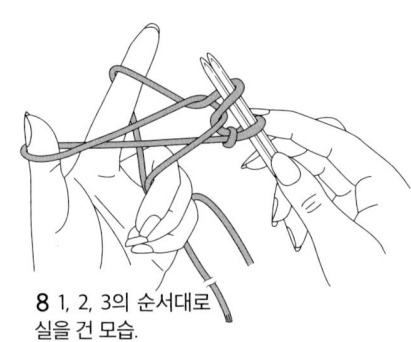

**8** 1, 2, 3의 순서대로 실을 건 모습.

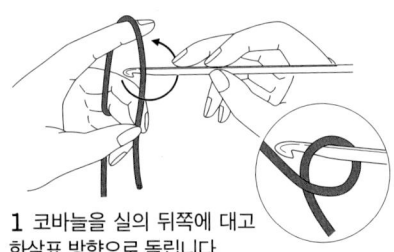

**9** 엄지에 걸려 있는 실을 일단 빼고 화살표와 같이 엄지를 다시 넣습니다. 엄지를 당겨서 코를 조입니다. 7~9를 반복해서 필요한 콧수만큼 뜹니다.

바늘 1개를 뺀다 ⟶

**10** 필요한 콧수를 만들었습니다. 대바늘 1개를 빼면 손가락으로 걸어서 만드는 시작코가 완성되었습니다.

## 풀어내는 시작코(별도의 사슬뜨기로 만들기)  ※ 실제로 뜨는 실과는 다른 실로 뜹니다.

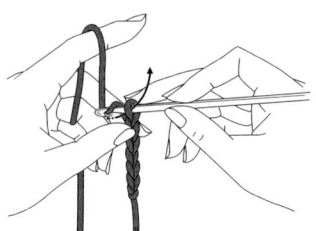

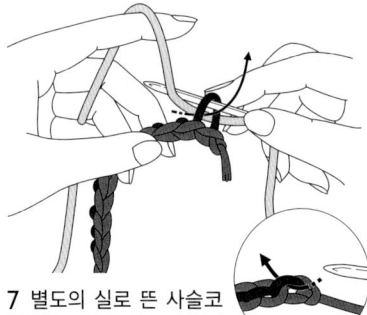

**1** 코바늘을 실의 뒤쪽에 대고 화살표 방향으로 돌립니다.

엄지와 중지로 누른다

**2** 교차한 부분을 손가락으로 누르고 코바늘에 실을 겁니다.

**3** 바늘에 건 실을 고리 안에서 빼냅니다.

**4** 실끝을 당겨서 고리를 조입니다.

**5** 코바늘에 실을 걸고 빼내기를 반복해서 필요한 콧수보다 조금 더 사슬뜨기 합니다.

**6** 마지막은 다시 한번 실을 걸어서 빼냅니다.

**7** 별도의 실로 뜬 사슬코 끝쪽의 코산에 대바늘을 넣고 실제로 뜨는 실로 코를 줍습니다.

**8** 필요한 콧수를 줍습니다.

### ┃ 겉뜨기 (□ = 겉뜨기를 나타내는 기호)

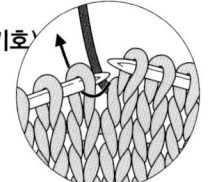 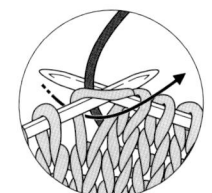  

**1** 실을 뒤쪽에 놓고 오른쪽 바늘을 앞쪽에서 넣습니다.

**2** 실을 걸어서 앞쪽으로 빼냅니다.

**3** 실을 뺀 모습입니다. 왼쪽 바늘을 빼서 코를 벗겨냅니다.

**4** 겉뜨기가 완성되었습니다.

### ━ 안뜨기 (⊟ = 안뜨기를 나타내는 기호)

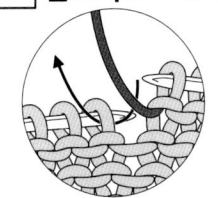 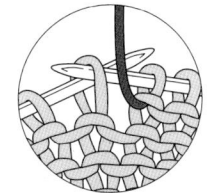 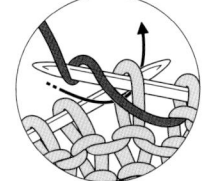  

**1** 실을 앞쪽에 놓고 오른쪽 바늘을 뒤쪽에서 넣습니다.

**2** 바늘을 넣은 모습입니다.

**3** 실을 걸어서 뒤쪽으로 빼냅니다.

**4** 실을 뺀 모습입니다. 왼쪽 바늘을 빼서 코를 벗겨냅니다.

**5** 안뜨기가 완성되었습니다.

---

### ← 겉뜨기의 덮어씌워 코막기

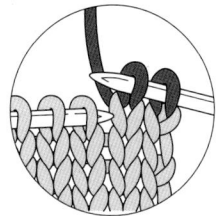  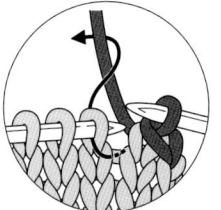

덮어씌운다

**1** 겉뜨기 2코를 뜹니다.

**2** 왼쪽 바늘을 사용해서 오른쪽 코를 왼쪽 코에 덮어씌웁니다.

**3** 코를 덮어씌운 모습입니다. '겉뜨기 1코를 떠서 덮어씌우기'를 반복해서 코막음합니다.

### ← 1코고무뜨기의 덮어씌워 코막기

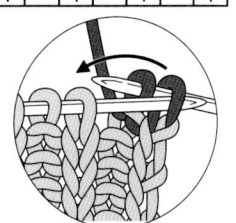 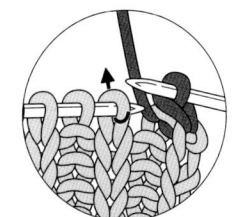

**1** 마지막 단의 코와 마찬가지로 겉뜨기, 안뜨기의 순서로 뜨고 왼쪽 바늘을 사용해서 오른쪽 코를 왼쪽 코에 덮어씌웁니다.

**2** 코를 덮어씌운 모습입니다. 다음 코는 겉뜨기로 뜨고 1과 마찬가지로 덮어씌웁니다. '안뜨기 1코를 떠서 덮어씌우기, 겉뜨기 1코를 떠서 덮어씌우기'를 마지막까지 반복해서 코막음합니다.

---

### ○ 걸기코 (바늘 비우기)

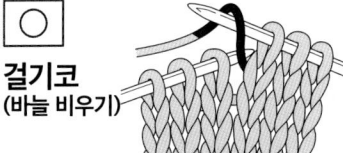 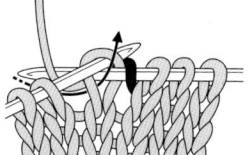 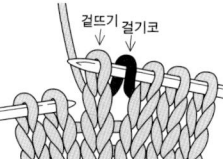 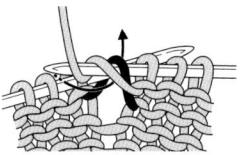 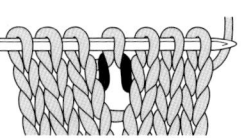

겉뜨기 걸기코

**1** 오른쪽 바늘에 앞쪽에서 뒤쪽으로 실을 겁니다. 이렇게 건 실이 걸기코입니다.

**2** 다음 코를 겉뜨기하면 코가 안정적입니다.

**3** 걸기코가 완성되었습니다.

**4** 다음 단은 다른 코와 마찬가지로 걸기코도 떠줍니다.

**5** 겉쪽에서 본 완성된 모습입니다.

---

### ● 덮어씌워 코막기

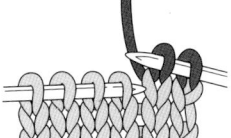  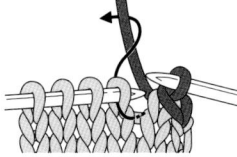 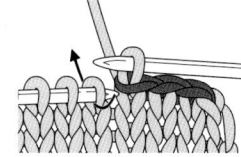

덮어씌운다

**1** 겉뜨기 2코를 뜹니다.

**2** 오른쪽 코를 왼쪽 코에 덮어씌웁니다.

**3** 다음 코도 겉뜨기하고 2와 마찬가지로 덮어씌웁니다.

**4** '겉뜨기 1코를 떠서 덮어씌우기'를 반복해서 코막음합니다.

---

### 실을 감아서 코늘리기

 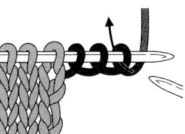 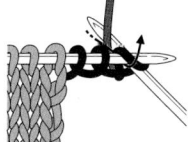  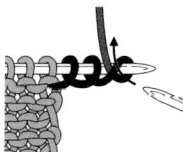 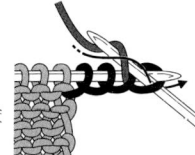

오른쪽

왼쪽

**1** 그림과 같이 바늘을 넣어서 손가락을 뺍니다.

**2** 다음 단은 끝부분의 코에 바늘을 넣고,

**3** 겉뜨기합니다. 다음 코도 겉뜨기합니다.

**1** 그림과 같이 바늘을 넣어서 손가락을 뺍니다.

**2** 다음 단은 끝부분의 코에 바늘을 넣고

**3** 안뜨기합니다. 다음 코도 안뜨기합니다.

## ⬚ 오른코 겹쳐 2코모아뜨기

  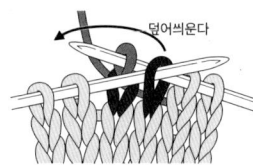 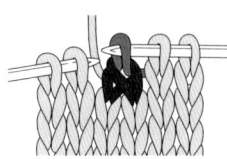

덮어씌운다

1 오른쪽 코를 뜨지 않고 오른쪽 바늘로 옮깁니다.

2 왼쪽 코를 겉뜨기 합니다.

3 오른쪽 바늘로 옮겨 놓은 코를 겉뜨기한 코 에 덮어씌웁니다.

4 오른코 겹쳐 2코 모아뜨기가 완성되 었습니다.

## ⬚ 왼코 겹쳐 2코모아뜨기

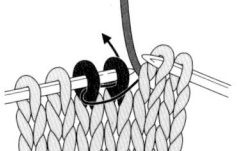 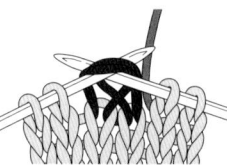  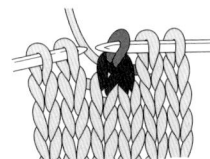

1 2코의 왼쪽에서 오른쪽 바늘을 한 번에 넣습니다.

2 바늘을 넣은 모습 입니다.

3 2코를 함께 겉뜨기 합니다.

4 왼코 겹쳐 2코모아뜨기 가 완성되었습니다.

## ⬚ 오른코 겹쳐 2코모아안뜨기

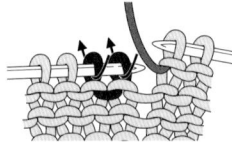 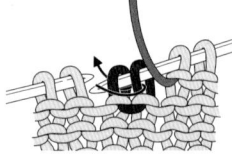 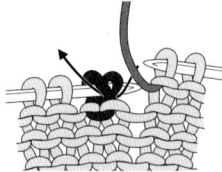  

1 2코를 각각 뜨지 않고 오른쪽 바늘로 옮깁니다.

2 왼쪽 바늘을 2코의 오른쪽에 서 넣어서 코를 다시 옮깁니다.

3 화살표와 같이 오른쪽 바늘을 넣어서

4 2코를 함께 안뜨기 합니다.

5 오른코 겹쳐 2코모아안 뜨기가 완성되었습니다.

## ⬚ 왼코 겹쳐 2코모아안뜨기

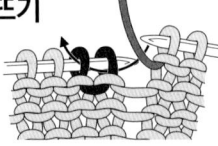   

1 2코의 오른쪽에서 오른쪽 바늘을 한 번에 넣습니다.

2 바늘을 넣은 모습 입니다

3 2코를 함께 안뜨기 합니다.

4 왼코 겹쳐 2코모아안 뜨기가 완성되었습니다.

## ⬚ 중심 3코모아뜨기

   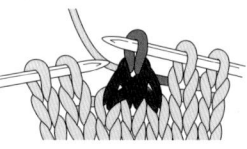

뜨지 않고 2코를 오른쪽 바늘로 옮긴다

덮어씌운다

1 오른쪽의 2코에 화살표와 같이 바늘을 넣어서 뜨지 않고 오른쪽 바늘로 옮깁니다.

2 다음 코를 겉뜨기합니다.

3 오른쪽 바늘로 옮겨놓은 2코 를 겉뜨기한 코에 덮어씌웁니다.

4 중심 3코모아뜨기가 완성되었습니다.

## ⬚ 오른코 위 1코교차뜨기

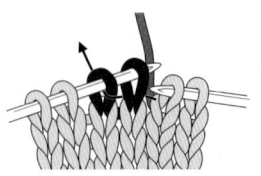 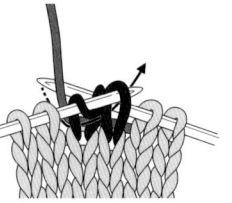  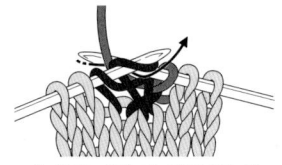 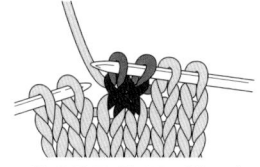

1 오른쪽 코의 뒤쪽에서 왼쪽 코에 화살표와 같이 바늘을 넣습니다.

2 겉뜨기합니다.

3 그 상태로 오른쪽 코를 겉뜨기합니다.

4 실을 빼낸 뒤 왼쪽 바늘에 서 2코를 벗겨냅니다.

5 오른코 위 1코교차뜨기 가 완성되었습니다.

## 메리야스 잇기

- 양쪽 모두 덮어씌워 코막음을 했을 때

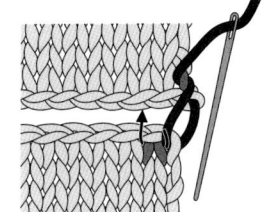 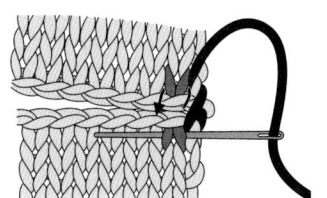 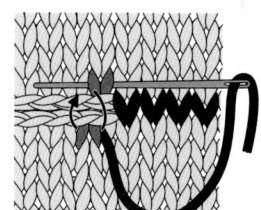

**1** 실끝이 없는 앞쪽 끝부분의 코, 뒤쪽 끝부분의 코 순서대로 안쪽에서 돗바늘을 넣습니다.

**2** 앞쪽 코에 바늘을 넣고 뒤쪽의 코도 화살표와 같이 바늘을 넣습니다.

**3** '앞쪽은 八자, 뒤쪽은 V자로 떠 올리기'를 반복합니다.

## 코와 단 잇기

- 덮어씌워 코막음을 한 코와 이어 붙일 때

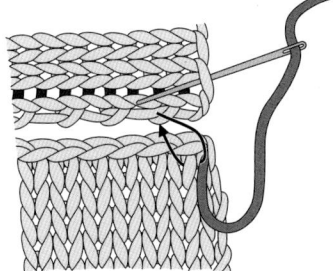 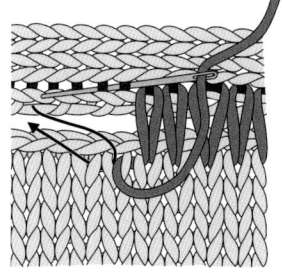 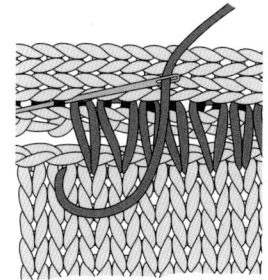

**1** 덮어씌워 코막음을 한 쪽을 앞쪽에 놓고 단의 시작코와 앞쪽의 코에 그림과 같이 바늘을 넣습니다. 단은 걸친 실을 떠 올립니다.

**2** 단 쪽이 많을 때는 군데군데 한 번에 2단을 떠올려서 조정합니다.

**3** 코와 단에 번갈아 가며 바늘을 넣습니다. 이은 실은 잡아당겨서 보이지 않게 합니다.

## 실을 떠 올려서 꿰매기

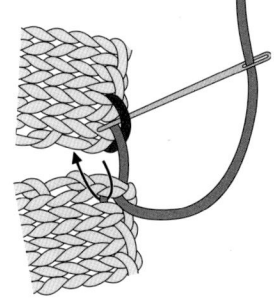 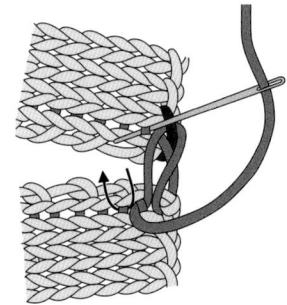 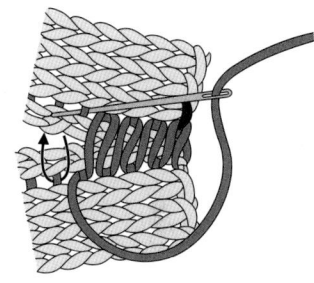

**1** 앞쪽과 뒤쪽 모두 돗바늘로 시작코의 실을 떠 올립니다.

**2** 끝에서 1코 안쪽의 아래쪽 실고리를 1단씩 번갈아 가며 떠 올려서 실을 당깁니다.

**3** '싱커 루프를 떠 올려서 꿰맨 실 당기기'를 반복합니다. 꿰맨 실은 보이지 않을 때까지 잡아당깁니다.

## 빼뜨기로 잇기

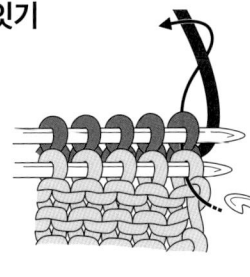

**1** 뜨개바탕 2장을 안쪽이 밖으로 나오게 마주 놓고 왼손으로 잡은 뒤 양쪽 끝의 코에 코바늘을 넣습니다.

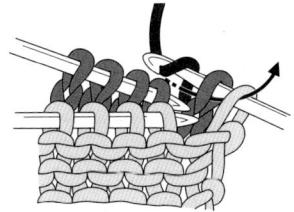

**2** 실을 걸어 2코모아뜨기해서 빼냅니다.

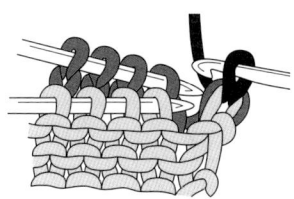

**3** 실을 빼낸 모습입니다.

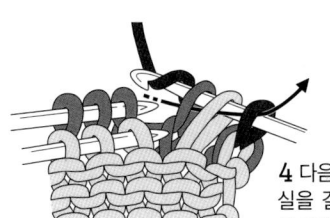

**4** 다음 코도 코바늘을 넣고 실을 걸어서 이번에는 3코를 함께 빼냅니다.

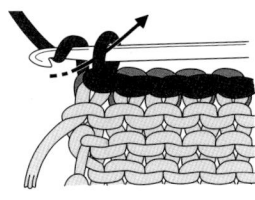

**5 4**를 반복해서 마지막 고리로 실을 빼냅니다.

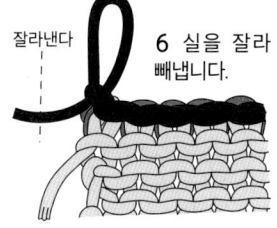

잘라낸다

**6** 실을 잘라 빼냅니다.

## 되돌아뜨기(경사뜨기)

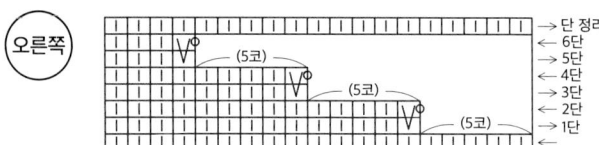

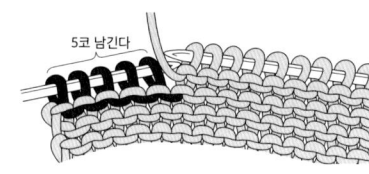

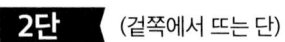

**1단** (안쪽에서 뜨는 단)

1 첫 번째 되돌아뜨기를 합니다. 안쪽 단 끝에서 왼쪽 바늘에 5코를 남기고 뜹니다.

**2단** (겉쪽에서 뜨는 단)

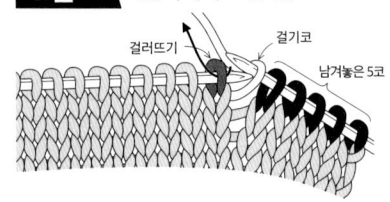

2 뜨개바탕을 반대 방향으로 돌려 잡고 실을 앞쪽에서 뒤쪽으로 걸어 걸기코를 만든 뒤 왼쪽 바늘의 1코를 걸러뜨기해서 오른쪽 바늘로 옮깁니다.

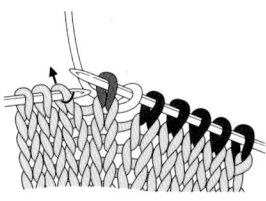

3 다음 코는 겉뜨기합니다.

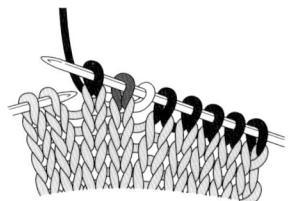

4 나머지 코도 겉뜨기로 뜹니다.

**3단** (안쪽에서 뜨는 단)

5 두 번째 되돌아뜨기를 합니다. 왼쪽 바늘에 5코를 남기고 뜹니다.

**4단** (겉쪽에서 뜨는 단)

6 뜨개바탕을 반대 방향으로 돌려 잡고 2와 마찬가지로 걸기코를 만들어 걸러뜨기를 한 뒤 나머지는 겉뜨기로 뜹니다. 5, 6을 반복합니다.

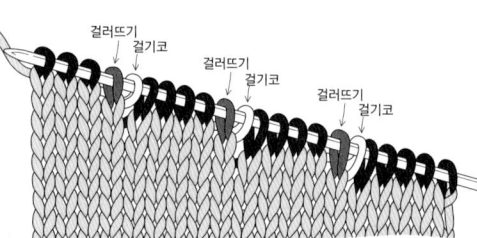

7 6단(세 번째 되돌아뜨기)을 다 뜬 모습입니다.

### 뜨개코 위치를 바꾸는 방법(안쪽에서 뜨는 단에서 처리하기)

1 실을 앞쪽에 놓고 오른쪽 바늘에 1, 2의 순서대로 2코를 옮깁니다.

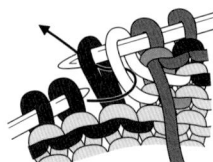

2 옮긴 2코에 화살표처럼 왼쪽 바늘을 넣어서 코를 다시 옮깁니다.

3 뜨개코의 위치 바꾸기가 끝났습니다.

**단 정리** (안쪽에서 뜨는 단)

8 안쪽에서 단 정리를 합니다. 걸기코와 그 왼쪽 옆 코의 위치를 바꿔서(위쪽 그림의 '뜨개코 위치를 바꾸는 방법' 참조) 2코모아뜨기로 안뜨기합니다.

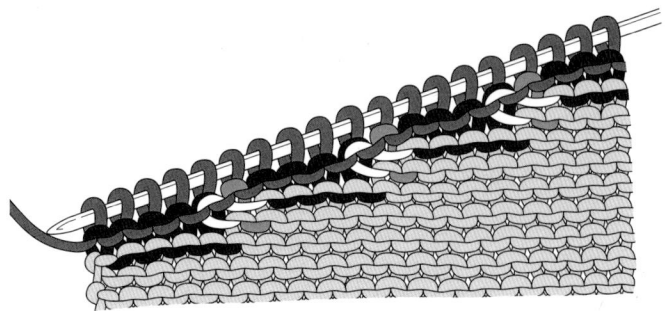

9 오른쪽의 되돌아뜨기가 완성되었습니다. 걸기코는 안쪽에 있으며 겉쪽에서는 보이지 않습니다.

왼쪽

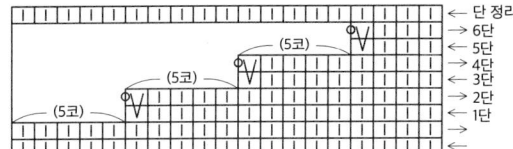
← 단 정리
→ 6단
← 5단
→ 4단
← 3단
→ 2단
← 1단
←
(5코)
(5코)
(5코)

**1단** (겉쪽에서 뜨는 단)
5코 남긴다

**1** 첫 번째 되돌아뜨기를 합니다. 겉쪽
단 끝에서 왼쪽 바늘에 5코를 남기고
뜹니다.

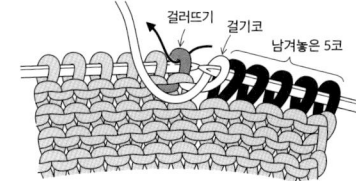
**2단** (안쪽에서 뜨는 단)
걸러뜨기
걸기코
남겨놓은 5코

**2** 뜨개바탕을 반대 방향으로 돌려 잡고 실을
그림과 같이 걸어서 걸기코를 만든 뒤 왼쪽 바
늘의 1코를 걸러뜨기해서 오른쪽 바늘로 옮깁
니다.

**3** 걸러뜨기가 완성되었습니
다. 다음 코는 안뜨기합니다.

**4** 나머지도 안뜨기로 뜹니다.

**3단** (겉쪽에서 뜨는 단)
5코 남긴다

**5** 두 번째 되돌아
뜨기를 합니다.
왼쪽 바늘에 5코
를 남기고 뜹니다.

**4단** (안쪽에서 뜨는 단)

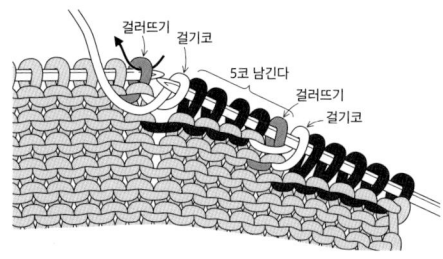
걸러뜨기
걸기코
5코 남긴다
걸러뜨기
걸기코

**6** 뜨개바탕을 반대 방향으로 돌려 잡고 **2**와 마찬가지로 걸
기코를 만들어 걸러뜨기를 한 뒤 나머지는 안뜨기로 뜹니다.
**5, 6**을 반복합니다.

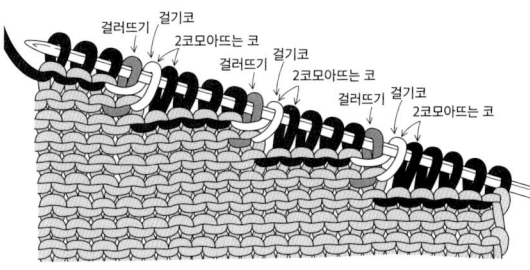
걸러뜨기
걸기코
2코모아뜨는 코
걸러뜨기
걸기코
2코모아뜨는 코
걸러뜨기
걸기코
2코모아뜨는 코

**7** 6단(세 번째 되돌아뜨기)을 다 뜬 모습입니다.

**단 정리** (겉쪽에서 뜨는 단)

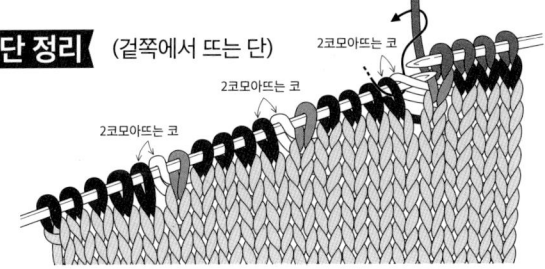
2코모아뜨는 코
2코모아뜨는 코
2코모아뜨는 코

**8** 겉쪽에서 단 정리를 합니다. 코는 위치를 바꾸지 말고 걸기코와
그 왼쪽 옆 코에 화살표와 같이 오른쪽 바늘을 넣어서 2코모아뜨
기로 겉뜨기합니다.

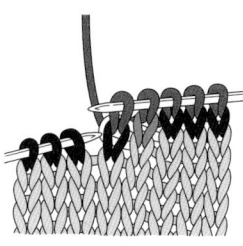
**9** 다 뜬 모습입니다.

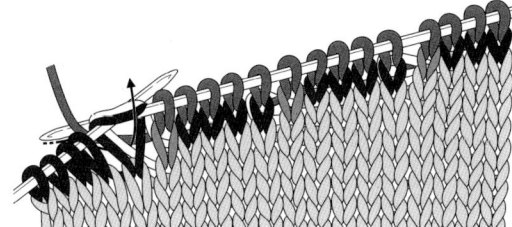
**10** 세 번째까지 똑같은 방법으로 뜹니다. 걸기코는 겉쪽에서 보이
지 않습니다.

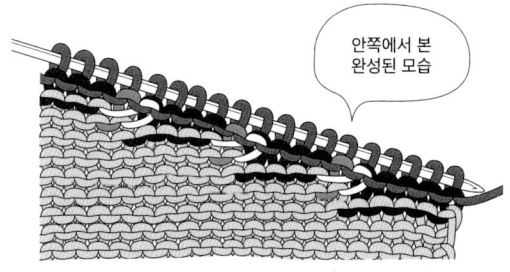
안쪽에서 본
완성된 모습

**11** 걸기코가 안쪽에 있는 것을 알 수 있습니다.

## 기본적인 소매 달기 (빼뜨기로 꿰매서 달기)

곡선이 있는 진동둘레에 소매산이 있는 소매를 다는 가장 대중적인 방법입니다.
옆선과 소매옆선을 먼저 이은 후에 몸판과 소매를 답니다.

### 소매 달기 준비

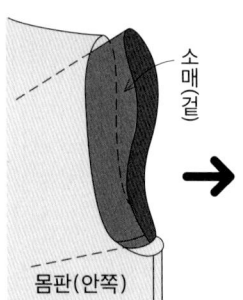
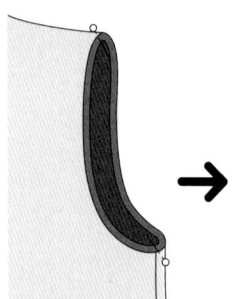
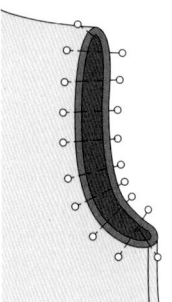

몸판을 안쪽으로 뒤집어서 소매를 넣고 안쪽이 밖으로 나오게 마주 놓습니다.

옆선과 소매옆선, 어깨와 소매산 중심을 맞춰서 시침핀을 꽂습니다.

시침핀 사이에 다시 촘촘하게 시침핀을 꽂습니다. (시침핀은 꿰매기 그림에서는 생략)

끝에서 1코 안쪽을 꿰맵니다

**1** 옆선의 실을 떠 올려서 꿰맨 부분 바로 옆에 코바늘을 넣어서 실을 빼냅니다. 실끝은 5cm 정도 남겨놓습니다.

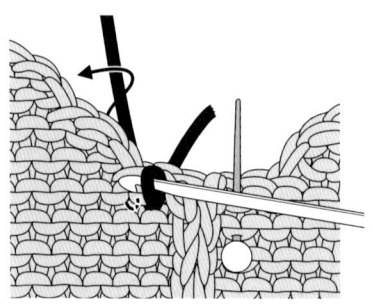

**2** 왼쪽 옆의 코에 바늘을 넣어서 실을 겁니다.

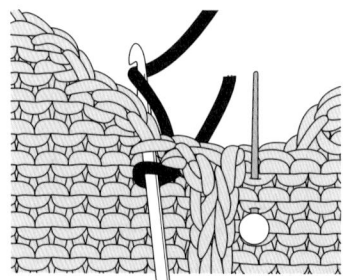

**3** 뜨개바탕과 바늘에 걸린 실을 한 번에 빼냅니다.

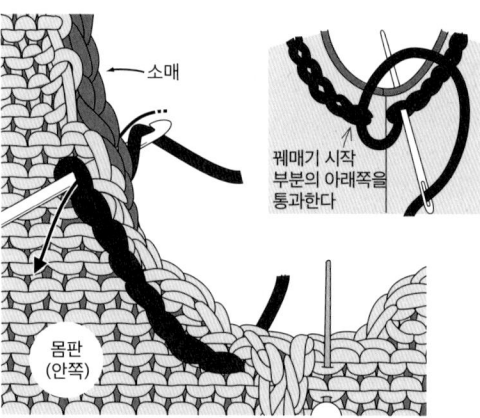

소매

꿰매기 시작 부분의 아래쪽을 통과한다

몸판 (안쪽)

**4** 코 부분은 1코씩, 단 부분은 3단에 2코의 비율로 꿰맵니다. 뜨개 끝부분은 실끝을 돗바늘에 꿰어 첫 코의 아래쪽을 통과시켜서 1코를 만들고 소매 쪽으로 뺍니다.

## 풀어내는 시작코에서 줍기

• 별도의 실로 뜬 사슬코를 풀어내는 방법—별도의 사슬뜨기 끝에서 코를 주워서 떴을 때

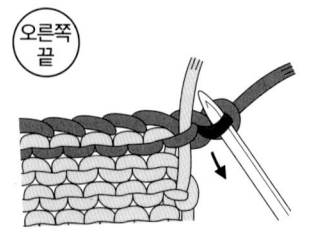

오른쪽 끝

**1** 뜨개바탕 안쪽을 보며 별도의 실로 뜬 사슬코의 코산에 바늘을 넣어서 실끝을 빼냅니다.

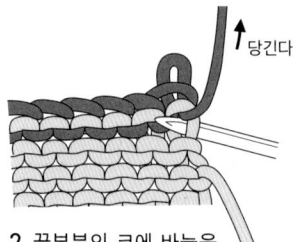

당긴다

**2** 끝부분의 코에 바늘을 넣고 별도의 사슬코를 풀어냅니다.

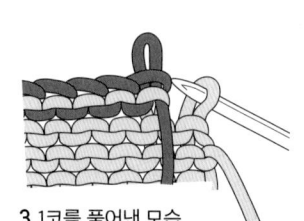

**3** 1코를 풀어낸 모습.

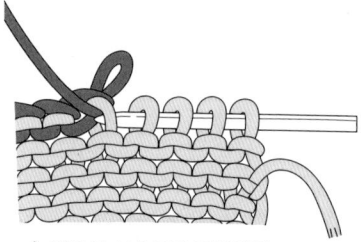

**4** 별도의 사슬코를 풀어내며 1코씩 바늘에 옮깁니다.

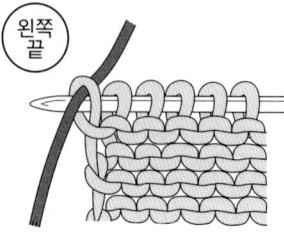

왼쪽 끝

**5** 마지막 코는 비튼 상태로 바늘을 넣고 별도의 사슬뜨기에 사용한 실을 빼냅니다.

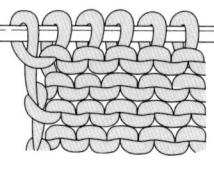

**6** 코를 다 옮긴 모습입니다.

주의!

별도의 실로 뜬 사슬코를 풀어내며 대바늘로 옮긴 코는 1단으로 셀 수 없습니다. 새 실을 대서 뜨는 1단이 코를 주워서 만든 단이 됩니다.

# 코바늘뜨기의 기초

## 원형 시작코

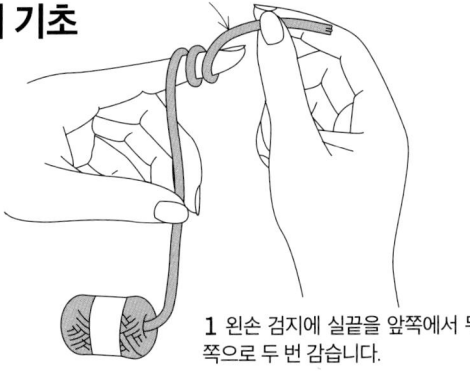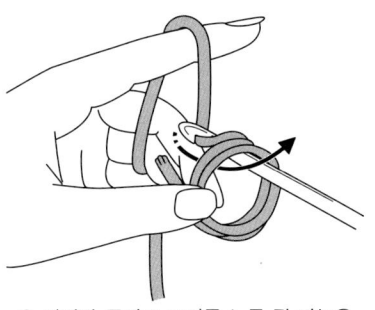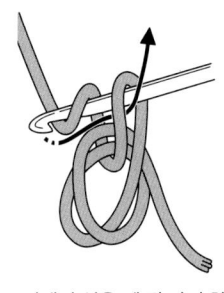

**1** 왼손 검지에 실끝을 앞쪽에서 뒤쪽으로 두 번 감습니다.

**2** 엄지와 중지로 고리를 누른 뒤 바늘을 고리 안에 넣고 실을 걸어서 뺍니다.

**3** 고리에서 실을 뺀 뒤 다시 한번 바늘에 실을 걸어서 뺍니다.

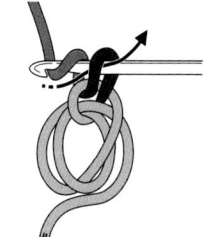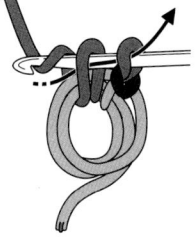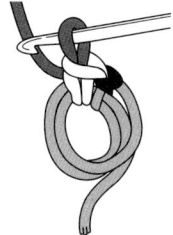

**4** 이 과정까지가 원형 시작코입니다.

**5** 1단은 바늘에 실을 걸고 기둥코를 사슬뜨기합니다.

**6** 고리 안에 바늘을 넣고 실을 걸어서 뺍니다.

**7** 바늘에 실을 걸어서 고리 2개를 한 번에 빼냅니다.

**8** 바늘에 짧은뜨기 1코가 완성된 모습. 계속해서 필요한 콧수만큼 뜹니다.

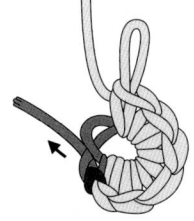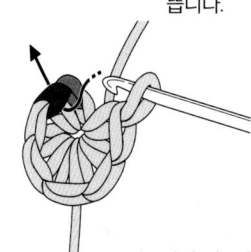

**9** 필요한 콧수를 다 뜨면 고리에서 바늘을 뺍니다.

**10** 실끝을 살짝 당겨서 고리 2가닥 중 움직인 쪽의 실을 당겨 고리를 조입니다.

**11** 실끝을 천천히 당겨서 고리를 꽉 조입니다.

**12** 고리에 바늘을 다시 넣어서 첫코의 코머리로 빼냅니다. 1단을 다 떴습니다.

---

이 책에서 쓴 기호 / 일본 표준 기호

## 짧은뜨기

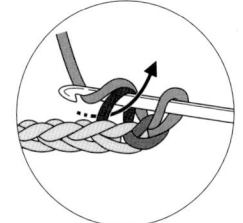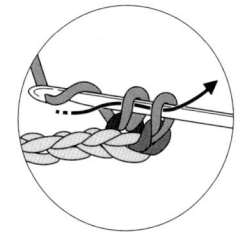

**1** '시작코+기둥코 1코' 분량의 사슬뜨기를 하고 시작코 끝쪽의 코에 바늘을 넣습니다. (여기서는 코산을 줍는다)

**2** 바늘의 등으로 실을 누르듯이 바늘 끝을 돌려서 실을 걸어 뺍니다.

**3** 바늘 끝에 실을 걸고 바늘에 걸려 있던 고리 2개를 한 번에 빼냅니다.

**4** 짧은뜨기 1코가 완성되었습니다. 계속해서 옆쪽의 시작코에 바늘을 넣고 과정 2~4를 반복해서 짧은뜨기합니다.

---

## 빼뜨기

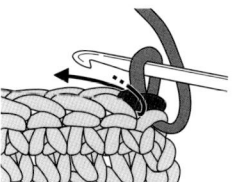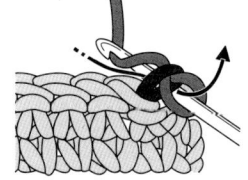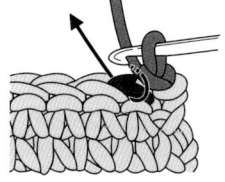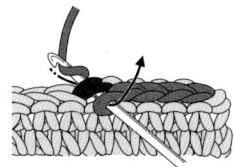

**1** 실을 뒤쪽으로 놓고 아랫단의 코머리에 바늘을 넣습니다.

**2** 바늘에 실을 걸어서 한 번에 빼냅니다.

**3** 계속해서 아랫단의 코머리에 바늘을 넣어서 빼냅니다.

**4** 반복하면 튼튼한 뜨개바탕이 완성됩니다.

TOKAI ERIKA NO AMIKOMI KNIT (NV70605) by Erika Tokai
Photographers: Yukari Shirai, Miki Tanabe, Noriaki Moriya
Copyright © Erika Tokai/ NIHON VOGUE-SHA, 2020
All rights reserved.
Original Japanese edition published by NIHON VOGUE Corp.
Korean translation copyright 2022 by JIGEUMICHAEK
This Korean edition published by arrangement
with NIHON VOGUE Corp.., Tokyo, through
HonnoKizuna, Inc., Tokyo, and BC Agency

이책의 한국어판 저작권은 BC에이전시를 통해 저작권자와 독점계약을 맺은
지금이책에 있습니다. 저작권법에 의해 한국 내에서 보호를 받는 저작물이므로
무단전재와 복제를 금합니다

**Staff**

북디자인 / 마가라 가호, 요시무라 료(Yoshi-des.)
촬영 / 시라이 유카리, 다나베 미키 (P.32-33)
　　　모리타니 노리아키 (P.4-5, 44-50)
스타일링 / 가와무라 마유미
헤어 메이크업 / AKI
모델 / 라리사
제작 협력 / 가메다 아이, 스즈키 기미코, 아라이 가나코, 우치기리 아미,
　　　가네코 마유미, 모치즈키 미와, 마쓰무라 요시에, 야지마 마키
만드는 방법, 도안 / 아오키 치즈루, 나카모토 리나
편집 협력 / 마루오 도시미, 야노 도시에
편집 담당 / 후루야마 가오리, 구리바야시 유키코, 다니야마 아키코

**소재 제공**　주식회사 다이도 포워드 퍼피 사업부
　　　　　Tel. 81) 03-3257-7135
　　　　　http://www.puppyyarn.com

　　　　　요코타 주식회사(DARUMA)
　　　　　Tel. 81) 06-6251-2183
　　　　　http://www.daruma-ito.co.jp

　　　　　하마나카 주식회사(하마나카, 리치모어)
　　　　　Tel. 81) 075-463-5151
　　　　　http://www.hamanaka.co.jp

**도구 협력**　클로버 주식회사
　　　　　Tel. 81) 06-6978-2277(고객센터)
　　　　　https://clover.co.jp

**촬영 협력**　conges payes ADIEU TRISTESSE  Tel. 81) 03-6861-7658
　　　　　ADIEU TRISTESSE  Tel. 81) 03-6861-7658
　　　　　NOMBRE IMPAIR 지유가오카점  Tel. 81) 03-3724-9022
　　　　　AWABEES  Tel. 81) 03-5786-1600
　　　　　UTUWA  Tel. 81) 03-6447-0070

뜨개질로 표현하는 귀여운 모티프

도카이 에리카의 **배색무늬 니트 손뜨개**

**초판 1쇄 발행**  2022년 1월 20일
**초판 3쇄 발행**  2024년 3월 20일

**지은이**　도카이 에리카
**옮긴이**　김한나
**감  수**　김수산나

**펴낸이**　최정이
**펴낸곳**　지금이책
**주소**　경기도 고양시 일산서구 킨텍스로 410
**전화**　070-8229-3755
**팩스**　0303-3130-3753
**이메일**　now_book@naver.com
**블로그**　blog.naver.com/now_book
**인스타그램**　nowbooks_pub
**등록**　제2015-000174호

**ISBN**　979-11-88554-54-6 (13590)